Araceli Ramírez

DESCUBRE TU GRANDEZA OCULTA

Revela el poder oculto que yace en tu ser, para transformar tu vida, expandir tu luz y alcanzar tu grandeza

Araceli Ramírez

Araceli Ramírez

INDICE

DEDICATORIA *7*

PRÓLOGO *9*

INTRODUCCIÓN *11*

CAPITULO I: ABRAZANDO MIS RAÍCES *13*

CAPÍTULO II: EXPERIENCIAS VIVIDAS *45*

CAPÍTULO III: ¿DIOS ES CASTIGADOR? *59*

CAPÍTULO IV: ERES GRANDEZA *77*

CAPÍTULO V: MIRADAS HACIA DENTRO *93*

SEMBLANZA *159*

Araceli Ramírez

DEDICATORIA
"Dios es mi mejor guía"

Dedico este libro especialmente a mis padres, quienes me dieron la vida. A ellos, los amo, honro, respeto y acepto tal como son.

Mi madre siempre está conmigo, incluso después de haber cumplido su misión en este plano terrenal; es para mí un ser de luz que me cuida y protege en todo momento.

Agradezco a mi padre, tengo la dicha de tenerlo todavía a mi lado. Espero que Dios le conceda muchos años más, junto a las personas que lo amamos.

A mis hijos, Edwin y Monse, los hijos que Dios me ha prestado, les confieso que soy su fan número uno. Los amo profundamente; son una gran bendición en mi vida.

Estoy inmensamente orgullosa y agradecida por tenerlos a mi lado, ya que juntos aprendemos innumerables lecciones de lo que nos toca vivir. Compartimos éxitos, tristezas, alegrías, viajamos juntos, y me llena de felicidad verlos sonreír, soñar y tomar acción en sus proyectos, a pesar de las circunstancias y obstáculos que enfrentan día a día.

Quiero expresar mi agradecimiento a mi exesposo. No le debo nada, ni él me debe nada, juntos creamos desde el amor a dos seres humanos maravillosos, prósperos y felices. Nuestros hijos son un regalo que Dios nos ha confiado para disfrutar, criar y acompañar en su desarrollo. Aprendemos mutuamente, de hijos a padres y viceversa. Gracias, gracias, gracias.

A todos los ángeles en persona de este plano terrenal, que de alguna u otra manera están involucrados en mi vida y en esta obra maravillosa.

PRÓLOGO

Dentro de cada uno de nosotros habita un poder inmenso, una chispa divina que espera ser despertada.

A lo largo de la vida, muchas veces olvidamos esa fuerza interior, permitiendo que las dudas, el miedo y las expectativas de otros apaguen nuestra luz. Sin embargo, la grandeza que llevas dentro nunca desaparece; está latente, aguardando el momento de ser liberada.

En este libro, Araceli Ramírez nos invita a reconectar con esa esencia, a mirar hacia adentro y descubrir el potencial ilimitado que siempre ha estado allí.

No importa cuántos desafíos hayas enfrentado o cuántas veces hayas caído, en lo más profundo de tu ser reside la capacidad para transformar tu vida, expandir tu luz y alcanzar lo que antes parecía imposible.

Prepárate para un viaje profundo hacia tu grandeza oculta. Aquí descubrirás herramientas, conocimientos y reflexiones que te guiarán a despertar tu verdadero poder.

Es tiempo de dejar atrás las sombras y dar paso a la expansión de todo lo que puedes ser. Tu luz está destinada a brillar y tu grandeza a manifestarse.

Conozco a Araceli Ramírez y percibo claramente la intención en su obra: compartir sus experiencias de vida, mientras, con palabras cotidianas, nos invita a reconocer nuestros sueños con la certeza de que, con una actitud positiva, todo es posible.

Sin duda, es un libro fácil de leer que nos recuerda que todos tenemos el potencial de crear nuestra propia historia de vida, sin olvidar que podemos alcanzar todo lo que anhelamos.

Blanca Mercado
Escritora – Conferencista
Creadora de contenidos, canal de YouTube
"Minimalismo Simple"

INTRODUCCIÓN

Es una historia de la vida real, en la que relato parte de mis vivencias, en este hermoso camino llamado vida.

A menudo, los sucesos se presentan sin que nos demos cuenta de que, somos los creadores de nuestra propia realidad. Si no somos conscientes de esto, la vida nos llevará por donde ella quiera, sin que entendamos por qué nos suceden ciertas cosas.

La vida es un flujo constante que no pide permiso para que ocurran los acontecimientos; todo es acción y reacción. Mi madre solía decir que la vida es solo un instante, un abrir y cerrar de ojos. Por eso, es fundamental disfrutar de la mejor manera posible, de forma consciente y auténtica, valorando el presente de cada día.

Cada momento, ya sea bueno o malo, es único y no se repite; solo tiene el valor que nosotros le otorgamos.

Disfrutar de la vida con las personas que amamos, estando plenamente presentes, es uno de los mejores regalos que podemos ofrecer, especialmente en estos tiempos de tecnología en los que vivimos.

Te comparto mi historia para que no pierdas tiempo como lo hice yo, viviendo en el pasado. Aunque cambiar nuestra forma de pensar no es fácil, tampoco es imposible. Si logras integrar tu luz y tu sombra, te aceptas tal como eres, disfrutando de tus propios procesos, podrás encontrar un equilibrio entre tus virtudes y defectos en esta maravillosa existencia.

No te compliques la vida; disfrútala. A menudo, nos enfocamos en el placer inmediato y no logramos ver más allá hacia el futuro, ya sea porque así hemos sido domesticados o porque lo aprendimos a lo largo de nuestra vida, incluso desde el vientre de nuestra madre.

Haz un viaje hacia tu interior, conócete mejor y busca una vida más plena y satisfactoria para ti y los que te rodean.

CAPITULO I
ABRAZANDO MIS RAÍCES

"No eres lo que viviste en tu pasado"

Araceli Ramírez

*A*ntes de que empieces a leer querido lector, quiero que sepas que he disfrutado perderme en el camino de la vida, para volver a encontrarme y descubrir la grandeza que hay en mí. Hoy vivo con alegría, aunque debo confesarte que no siempre es fácil.

He aprendido a bailar en la tormenta y, sobre todo, a vivir desde el amor, la paz, la tranquilidad y el gozo, sabiendo que, cuando yo estoy bien, todo está bien.

He dejado de hacerme la víctima y he tomado el control de mi vida, a pesar de las memorias no siempre agradables, que me han acompañado hasta ahora; algunas de ellas ocurrieron en mi infancia.

No entiendo por qué el cerebro se aferra más a los malos recuerdos que a los buenos. A pesar de que muchos se empeñan en vivir de las apariencias en redes sociales como Facebook e Instagram, donde todo parece pura felicidad, la realidad es que a todos nos tocan adversidades y sufrimientos a lo largo de la vida, que, siendo sincera, no siempre sabemos cómo enfrentar.

Eso fue una de las cosas que me impulsó a escribir este libro que hoy tienes en tus manos. Con él pretendo brindarte herramientas que te puedan ser de utilidad.

Estoy agradecida y feliz de haber nacido con la ayuda de una partera llamada Pancha, quien asistió a mi madre en el momento de darme la bienvenida al mundo. Ella era la persona que ayudaba a las mujeres de esa época en el parto, en Milpillas y lugares cercanos al lugar donde nací.

Durante mi infancia, fui una niña un poco más rellenita, (así lo describimos en México para referirnos a las personas que son más bien gorditas).

Mi mamá me contaba que, la gente le decía que mis manos y piernas parecían morcillas, esto es un platillo delicioso que se elabora con sangre de cerdo, mezclada con arroz, zanahoria, cebolla, hierbabuena y garbanzos.

Esta comparación surgía porque no se me notaban las venas y tenía esos rollitos en brazos, piernas y barriga, lo que me hacía lucir como una niña hermosa y llena de vida en esa época.

Mi madre también decía que yo era desobediente y curiosa desde pequeña, aunque luego me volví lo opuesto.

Mis padres tenían una tienda de abarrotes que mi madre atendía mientras cuidaba de nosotros, sus dos hijos pequeños. Creo que en ese momento mi mamá estaba embarazada, ya que la diferencia de edad entre mis hermanos y yo no es mucha.

En total somos cinco hermanas y tres hermanos, todos con un margen de dos años o menos entre nosotros. Los que tienen más diferencia de edad, son el resultado de abortos no planificados que tuvo mamá. Recuerdo a mi madre embarazada con bastante frecuencia.

Una vez, mamá me contó que fue a atender la tienda porque alguien le habló, mientras yo me quedaba en la cocina, que estaba construida de carrizo y tenía un techo de lámina de asbesto, sin puerta, con un fogón hecho de tierra que ella misma había construido.

Papá llegaría a casa a comer, y mi mamá tenía preparados unos huevos revueltos en un plato, listos para echarlos a la cazuela.

En ese momento, la llamaron para atender a los clientes, yo aproveché la distracción para comerme los huevos crudos. Cuando regresó y me preguntó qué había pasado con los huevos, solo levanté los hombros, como diciendo "no sé", sin darme cuenta de que tenía la boca y la ropa completamente manchadas de huevo. ¡Qué momentos esos!

Desde mi nacimiento hasta aproximadamente los tres o cuatro años, no recuerdo haber jugado con mi mamá, ni que me abrazara, y mucho menos que me hablara de manera cariñosa. Siempre estaba ocupada o atendiendo a papá cuando él estaba en casa, ya que usualmente trabajaba fuera del rancho donde vivíamos.

Muchos hombres se iban a trabajar a ciudades más grandes, como Colima o Guadalajara, y se ausentaban por mucho tiempo. Los hombres que trabajaban en la construcción, eran "obreros", (así se les llamaba), a menudo se marchaban por tres o seis meses.

Cuando se aproximaba el tiempo de que papá regresara, no me gustaba, pues con su llegada, mamá debía atenderlo más. Además, papá llegaba borracho frecuentemente y casi siempre estaba enojado, exigiendo que obedeciéramos todo lo que él decía.

Su atención hacia nosotros era escasa; solía gastar una parte del dinero con amigos, lo que dejaba a nuestra familia con pocos recursos y lo convertía en un hombre irritable. Se molestaba mucho cuando veía que ya no teníamos huaraches.

Me asustaba su manera de gritar, pensaba que no nos quería, porque nunca escuchaba palabras de amor de su parte.

Te preguntarás amado lector, ¿qué son los huaraches? Son un tipo de calzado, en nuestro caso de plástico. A veces teníamos un solo par de zapatos que duraban todo el año, y nos compraban un número más grande para que nos sirvieran por más tiempo, ya que nuestros pies crecían rápido.

Si los zapatos servían aún, cuando ya no me quedaban, pasaban a la siguiente hermana. Lo mismo sucedía con las ropas, porque al ser la primera mujer en la familia, mis padres siempre me compraban a mí primero, luego yo se las pasaba a mis hermanas menores.

También había personas que nos regalaban ropas usadas, con lo cual nos ayudaban a nosotros y a nuestros padres, así podíamos cubrirnos y no andar desnudos.

Papá nos decía que debíamos cuidar los huaraches ya que no tenía dinero para comprar más. Lo repetía con frecuencia, y lo hacía de forma enojada y gritando, supongo que, no sabía cómo manejar la situación al vernos sin calzado.

Mamá solía decir que en los pies se nota la pobreza; nunca anduvimos descalzos, a pesar de todo papá fue un hombre trabajador y mi madre también se esforzaba mucho.

Ella siempre encontraba la manera de sacar dinero, incluso de donde parecía que no había. Hacía tamales, tortillas a mano, lavaba ropa ajena, vendía pitayas, ¿sabes qué son? Te explico para que me entiendas.

Se les conoce también como "frutas del dragón", son el fruto de varias especies de cactus. Se caracterizan por su cáscara exterior escamosa de colores brillantes (rojo, rosa o amarillo). Tienen una pulpa dulce y jugosa, que puede ser blanca o roja, con pequeñas semillas comestibles. Son ricas en nutrientes. Se consumen frescas o en batidos y ensaladas.

A pesar de que, a mamá no le gustaban las gallinas, las mantenía por los huevos que producían y luego los vendía para mejorar la economía de la familia.

A ella le encantaba tener muchas flores en el patio y árboles frutales. Teníamos higos, granadas, limones y siempre plantaba calabazas tiempo antes del "día de los muertos", que se celebra en México el 02 de noviembre. Lo hacía para vender las calabazas amarillas y grandes a los vecinos, que las utilizaban para hacer dulces o cocerlas con canela. También era tradición hacer calaveritas de calabaza con una vela dentro.

Lo oscuro que cubrió mi inocencia

Siempre fui una niña alegre y divertida, según lo que me cuentan quienes me conocieron de pequeña. Sin embargo, entre los cuatro y seis años, cuando empecé a ir al kínder, sufrí un abuso sexual por parte de alguien cercano a la familia.

Recuerdo que me engañaba con una paleta de dulce como premio. Siempre era una paleta, especialmente la recuerdo, porque la movía en su mano y me decía que, si quería, debía dejar que me tocara para recibirla.

A veces me la daba mientras comenzaba a tocarme, y me decía que lo que hacía no estaba mal, que todos lo hacían, pero que era un secreto entre él y yo.

También me susurraba que no lo contara a nadie porque no me iban a creer, que, si decía algo, mis papás se enojarían conmigo por chismosa, y que ya no me iban a querer, incluso hasta me podían pegar, porque nadie le creería a una niña.

Cuando comenzaba a tocarme, a veces ya tenía la paleta que usaba para tapar mi boca y evitar que gritara cuando él me penetraba. Cuando no tenía mi premio, me tapaba la boca con su mano.

Sabía elegir el momento adecuado, especialmente cuando no estaban mamá o papá en casa, sobre todo cuando regresaba del kínder después de las 12:00 p.m., que era la hora en que salíamos usualmente.

Él me decía que fuéramos al monte o a un lugar específico en la casa, yo con mi inocencia, creía que lo hacía porque me quería como me había dicho.

Cada vez que gritaba porque me dolía, él paraba, pero yo siempre gritaba. Recuerdo que en todo momento llevaba vestido o falda, lo que le facilitaba las cosas.

Mi primer pantalón lo usé poco antes de cumplir 15 años; era un pantalón morado muy hermoso, y cuando perdía el color, lo volvía a pintar con pastillas de colores para que pareciera nuevo.

Una vez, mamá llegó buscándome y me gritó. _Yo también grité "mamá", y él tapó mi boca al instante. Rápidamente me puse el calzón y corrí hacia donde estaba ella. Al llegar, me abracé a sus pies y me preguntó qué había pasado, a lo que respondí que estaba en el baño.

Ella me creyó sin dudar...

No teníamos baño, así que hacíamos nuestras necesidades en el monte, y nos limpiábamos con piedras, olotes de maíz o ramas. Cuando hacíamos pipí, no nos limpiábamos con nada. Esto fue así durante mi niñez y adolescencia; hacíamos de aguilita, es decir, nos sentábamos como si tuviéramos un pequeño banco, pero solo en nuestra imaginación.

A decir verdad, me casé a los 22 años y todavía no teníamos baño para nuestras necesidades primarias, mucho menos para bañarnos.

Ponía un bote con agua a calentar al sol y me bañaba antes de que el sol se ocultara, porque no quería que el agua se enfriara. Si me bañaba más tarde, tenía que calentar el agua con leña o bañarme con agua fría, lo cual era complicado, especialmente en invierno, pero para mí, era algo normal.

Tampoco teníamos estufa ni refrigerador; realmente vivíamos en extrema pobreza.

A raíz del abuso sexual, empecé a estar siempre a la defensiva, desconfiada y, sobre todo, muy obediente con las personas mayores, porque pensaba que siempre tenían la razón y que decían la verdad.

Era una niña muy inocente, sin malicia alguna. A pesar de todo lo que vivía en esa época, me recuerdo soñadora y feliz.

Crecí en una época en la que los padres, maestros y personas mayores eran figuras de autoridad.

Era obligatorio besar la mano al saludar, especialmente al párroco de la iglesia o a los familiares mayores, como tíos o abuelos. Ellos levantaban la mano para que se las besáramos; si no lo hacías, se molestaban, pues consideraban que era una falta de respeto.

Eran las costumbres que antes existían; me alegra mucho que ahora no sea así, es más agradable dar abrazos.

Éramos felices incluso en la pobreza

Durante esa época también viví momentos hermosos. Algunas noches, especialmente cuando no había luz eléctrica, mamá nos contaba cuentos muy bonitos, que tal vez ella se inventaba, porque después ya no los narraba igual o no los recordaba.

Esto sucedía después de meter la comida en el cuarto donde dormíamos (a veces eran solo frijoles y, de vez en cuando, huevo con chile, nopales, papas o sopa).

Si la dejábamos afuera o la olvidábamos, los perros u otros animales se la comían, y al día siguiente no había nada que comer, así que siempre estábamos atentos a eso.

Mamá tenía una gran imaginación. Aunque no jugaba mucho con nosotros, siempre se preocupaba por cuidarnos dentro de sus posibilidades.

Recuerdo que podíamos comer gelatina, solo en tiempos de frío, porque al no tener refrigerador, la ponía en una olla sobre el techo y la tapaba con un trapo de manta para que cuajara. Al día siguiente, era nuestro desayuno.

También recuerdo que quemábamos la basura y saltábamos sobre el fuego; así nos divertíamos y nos calentábamos al mismo tiempo, especialmente cuando hacía mucho frío, y a veces, hasta caía hielo.

Íbamos a la escuela todos apestosos a humo ¿A quién le importaba eso? Al menos a mí no, aunque siempre había algún niño que decía la verdad y no faltaba quien dijera: "¡apestas a puro humo" bueno, siendo sincera, era verdad.

Dormíamos en petate, que es un objeto tradicional que se utiliza en diversas culturas, especialmente en México y América Central. Se trata de una especie de estera o tapete hecho de hojas secas de palma, caña o algunas otras fibras vegetales.

Los petates se utilizan comúnmente para sentarse, dormir o como base para colocar objetos. En ocasiones dormíamos en la cama, porque solo teníamos una y nos turnábamos para dormir en ella. Eso era un privilegio, sobre todo en invierno; nadie quería quedarse en el piso.

Eran épocas maravillosas que siempre vivirán en mi mente, aunque al quedarnos juntos, todos amanecíamos oliendo a orines. Nadie decía "yo me hice", nos culpábamos unos a otros, pero nadie admitía haberlo hecho. ¡Qué tiempos aquellos! Mamá sabía perfectamente quién se había orinado y, a veces, sin pensarlo, decía: "tú no te quedas en la cama por meón".

Siempre nos decía que sacáramos el tapete y las cobijas mojadas al sol antes de ir a la escuela, y cuando tenía tiempo, las lavaba porque no le gustaba que olieran a orines.

A veces, en la escuela, mis compañeros no querían juntarse conmigo porque olía a pipí; el olor a orina es fuerte y no se puede ocultar.

Recuerdo también una ocasión, tal vez en primer grado de primaria, en la que ya me urgía ir al baño, pero la maestra no me dejó salir porque estábamos a punto de irnos a casa y faltaba media hora. Me dio mucha vergüenza, porque no pude aguantar más. La maestra no me regañó ni me dijo nada, solo me mandó a casa.

Momentos de tensión, producto del alcohol

Vienen ahora a mi mente, memorias de una época muy triste, cuando papá llegaba a casa borracho y nos corría. Quería golpear a mamá, aunque no recuerdo que realmente lo hiciera, porque ella siempre lograba escapar.

En algunas ocasiones, teníamos que quedarnos en casa de la señora Ninfa por temor a que le hiciera algo a mamá. Esto sucedió un par de veces; en esos momentos en los que mi papá se volvía agresivo, me sentía muy pequeña, asustada y desprotegida.

Cuando papá tomaba, lo hacía casi siempre cada ocho días. Él decía que no era alcohólico porque trabajaba, y que solo bebía los fines de semana.

Recuerdo una ocasión en la que llegó muy borracho y trató de pegarle a mamá. Mi hermano mayor estaba casi entrando a la adolescencia, tenía entre 10 y 12 años y se enfrentó a papá para defender a mamá. Lo amarró en la cama, de manos y pies, como si estuviera crucificado, y lo dejó así hasta el día siguiente.

Desde ese día, no recuerdo que papá volviera a intentar pegarle a mamá. Ya éramos más grandes, y ella se sentía apoyada y respaldada por nosotros. Sin embargo, algo que no me gustaba era que, por la noche, mamá se acostaba con papá como si nada hubiera pasado.

A decir verdad, nunca la vi enojada con él; ella se enojaba sola, pero siempre era muy amable frente a él. Yo le decía: _Mamá, nos acaba de correr de casa y te quería pegar ayer, y tú te acuestas a dormir con él como si nada. Yo pensaba que eso no estaba bien, pero mamá solo se reía y me decía: _ ¿Tú qué sabes, hija? Ya verás cuando seas adulta.

En ese tiempo, también le tenía miedo a papá.

Mamá escondía todos los cuchillos cuando él estaba borracho, porque siempre peleaban por cualquier cosa, incluso porque ella no encontraba los cuchillos, por lo bien que los escondía. Yo veía dónde los guardaba, pero no decía nada, porque sabía que él estaba borracho y no sabíamos lo que haría con ellos.

Papá era de esas personas que hablaban sin filtro cuando estaban en ese estado. En pleno juicio, no decía nada, al menos no a nosotros.

Ver a mi mamá sufrir y tener que protegernos me enseñó lo difícil que es vivir en un hogar con violencia.

Aprendí que el alcoholismo no solo destruye a la persona que lo padece, sino que también quiebra a toda la familia. Sin duda, el alcoholismo puede hacer mucho daño, al ser una droga legal que se vende en cualquier lugar.

A menudo, deja un gran vacío en cada familia afectada por esto, es como un agujero que nada puede rellenar. La persona alcoholizada solo se justifica diciendo: "no me acuerdo, andaba borracho".

Ojalá las familias que atraviesan esto, encuentren la ayuda que necesitan, porque la paz y la estabilidad son fundamentales para que todos los miembros estén bien, fundamentalmente para que los niños crezcan sanos y felices, porque en muchas ocasiones, situaciones como estas dejan profundas heridas emocionales.

Siempre le decía a mamá que dejara a papá y que nos fuéramos a vivir a otro lugar. Ella me respondía: _ Hija, si solo tuviera dos chamacos, me los metería debajo del brazo y me iría, pero con este puñado de muchachos, ¿a dónde voy a ir? No es fácil, hija _

Ahora sé que mamá era una persona codependiente y que lloró en silencio, sintiéndose tal vez culpable. Más adelante te contaré querido lector, lo que le sucedió después.

Seguramente tú también tienes alguna historia de un borracho en tu familia o de algún conocido en tu comunidad. En mi caso, tanto papá como mi abuelo paterno eran alcohólicos.

Mi abuelo paterno vivía al lado de nuestra casa y yo lo veía salir antes del amanecer, para ir a tomar. Siempre llevaba algo (frijoles, maíz, nueces, leña, entre otros) para intercambiar por agua ardiente.

Casi siempre andaba ebrio, día y noche, era una persona muy autoritaria, especialmente con mi abuela.

Trabajaba en la milpa (terreno que se utiliza para sembrar maíz y frijol especialmente, aunque pueden ser otras semillas).

Mi abuela siempre acompañaba a mi abuelo, le llevaba de comer hasta donde él estaba trabajando, porque, a pesar de ser borracho, se dedicaba a sembrar la tierra durante el día, los días en que no andaba ebrio.

Ella, en cambio, siempre fue muy obediente; solo lloraba ante los problemas. Nunca la vi enfrentarse a mi abuelo o rebelarse contra él. Decía cosas, pero a sus espaldas, para que él no las escuchara. Siempre andaba seria, triste y pensativa; sonreía muy pocas veces.

De niña, afirmaba que nunca me casaría y que iba a ser monja, influenciada por la actitud de papá hacia nosotros y también por ver lo que pasaba mi abuela.

Pensaba: ¿para qué quiero un esposo que no respeta a su esposa y menos a sus hijos? Ahora, en mi vida adulta, comprendo que todos somos víctimas de víctimas, como decía Louise Hay.

Recuerdo haber visto un par de veces cómo mi abuelo intentó golpear a mi abuela. Ella siempre se quejaba, pero en voz baja, y al igual que mi madre, nunca la vi poner un límite.

Ambas eran sumisas, especialmente mi abuela, quien decía: _ No le hagan caso a su abuelo, está borracho, no sabe lo que hace. Mi abuela lloraba mucho; rezaba día y noche, amanecía rezando y se acostaba rezando.

Era tan religiosa que siempre iba a misa, al menos una vez a la semana, daba diezmo, incluso si eso significaba quedarse sin comer.

Recuerdo una ocasión en que llevó como dos docenas de huevos al párroco que celebró la misa en el rancho, y se quedó sin ninguno porque tenía una penitencia. A mí eso me parecía injusto, pero no decía nada.

También se me viene a la memoria cuando mi abuela paterna me decía: _ Hija, a ti todo se te hace fácil y nada se te dificulta. Esa frase ha quedado grabada en mi mente. Ella solía decirme que seguramente llegaría a ser una gran escribana, hoy estoy haciendo realidad sus palabras a través de este libro que estás leyendo.

Un recuerdo muy hermoso que tengo de mi abuela es que, cuando iba a la secundaria, ella me daba naranjas, todas chupaditas, es decir, casi secas por fuera.

Las juntaba durante la época de Navidad, cuando repartían aguinaldos en las posadas, y me las guardaba para que yo llevara algo para comer durante el recreo.

También me daba dulces. ¿No es un gesto hermoso? Era su forma particular de demostrarme su amor. No me daba un montón de dulces ni de naranjas, sino sólo una naranja y unos pocos dulces, pero lo hacía muy seguido.

Cuando la misa no se celebraba en nuestro rancho, me llevaba a otro rancho, donde la misa era por la mañana, y me invitaba a un refresco y una bolsa de papas fritas marca Sabritas, al terminar. En realidad, yo iba solo por lo que ella me compraba.

En cambio, mi abuelo no fue una persona cariñosa conmigo; al contrario, me daba miedo verlo borracho, así como le tenía miedo a mi papá. Ahora sé que ese miedo lo confundí con respeto durante mucho tiempo.

Recuerdo que papá siempre decía: _ Mi hija no rezonga, solo llora por todo; es muy buena gente y muy trabajadora.

Mientras que mamá decía que yo lloraba mucho porque, cuando estaba embarazada de mí, siempre se la pasaba llorando. Tanto papá como mamá tenían sus opiniones desde sus propias perspectivas.

Impactantes recuerdos

En septiembre de 1985, ocurrió un acontecimiento que marcó mi vida: el temblor que sucedió en la Ciudad de México. Recuerdo que, siendo una niña de siete años, solo escuchaba hablar del temblor por la radio, ya que no había televisión en casa.

Hablaban de muchos muertos y de personas que se habían quedado enterradas bajo los escombros, así como de muchas familias que habían perdido a sus seres queridos.

Sin duda, fue uno de los temblores con más pérdidas humanas y materiales en México.

Mis hermanos y yo nos quedamos con mi abuela paterna en el rancho, porque mamá acompañó a papá a Guadalajara para una cirugía muy riesgosa en la columna vertebral.

Yo escuchaba lo que decían los adultos, aunque no comprendía del todo la situación, ellos hablaban sobre las posibilidades de que papá pudiera quedar paralítico, perder la vida o recuperarse sin más dolor en la cadera.

Papá buscó ayuda en muchos lugares antes de optar por la cirugía, consultando a varios doctores y hasta a curanderos.

Había una señora en el rancho a la que llamaban bruja; vivía cerca del río, bajo muchos nogales, en una choza de carrizos muy pequeña y oscura. Yo acompañé a papá muchas veces allí, cuando él ya no podía soportar el dolor, me imagino que no sabía a dónde más recurrir en esos momentos.

La bruja le encendía velas, le rezaba, le pasaba hierbas por todo el cuerpo y le sobaba la parte que le dolía con alcohol.

Era una señora muy viejita que vivía sola y tenía un aspecto descuidado; realmente parecía la bruja que describen en los cuentos de primaria, con una nariz grande y una vestimenta extraña.

Olía muy mal, y me daba miedo verla, porque decían que las brujas les chupaban la sangre a los niños, especialmente a los bebés. Sin embargo, siempre fue muy amable conmigo y nunca me trató mal; al contrario, me brindaba su cariño.

También recuerdo que papá pasaba noches enteras sin poder dormir por el dolor en la cadera, que bajaba por toda la pierna hasta llegar al pie. Decía que, a veces, caminar le aliviaba un poco, pero en otras ocasiones no podía ni moverse y caminaba cojeando.

Finalmente, decidió operarse en Guadalajara a través del seguro de la compañía donde trabajaba como obrero. Como él mismo decía, decidió "echarse un albur", ya que no tenía otra opción después de tanto sufrimiento.

Mamá era una mujer muy fuerte, siempre estuvo al pendiente de papá.

Estando donde mi abuela paterna, me llené de piojos como nunca antes.

No recuerdo si mis padres estuvieron fuera del rancho una semana o dos, pero ese tiempo fue suficiente para que los piojos invadieran mi cabeza y, por supuesto, la de mis hermanos también.

Se me paseaban por la frente y el cuello, yo misma me los sacaba con un trapo blanco y un peine. Al peinarme, veía cómo caían en el trapo, eran demasiados.

Mis hermanos y yo nos espulgábamos mutuamente. Solo de recordarlo, me da comezón en la cabeza. Cuando mamá regresó, me preguntó: _ Hija, ¿qué les pasó? ¿Por qué no se bañaban?. - Cuando estábamos con ella, sí teníamos piojos, pero no tantos -.

Al llegar, después de acomodar a papá en un lugar plano, improvisaron una cama con tablas y un colchón viejo lleno de orines que teníamos. Mamá, tras acomodar a papá, se puso en acción con nosotros y nos echó Oko, un spray que olía muy mal pero que era muy efectivo para matar piojos.

Luego nos bañó y nos espulgó hasta dejarnos sin nada. Me preguntaba por qué no había cuidado a mis hermanos, y yo no sabía qué contestar; sólo sabía que estábamos llenos de piojos.

En esa época había personas que nos regalaban ropa y zapatos usados. Siempre estaré agradecida por eso, ya que nos servía muchísimo, especialmente porque papá no trabajaba en ese tiempo.

La gente fue muy compasiva con nosotros. Mamá también compraba tela y mandaba a hacer vestidos para mis hermanas, ya que éramos tres hermosas niñas.

Nos vestíamos igual, a mí no me gustaba que me vistieran así. No sé por qué, tal vez porque era la mayor, pero solo obedecía sin decirle nada a mamá.

Una vez, mi abuela materna llegó de San Luis Potosí, donde trabajaba y vivía, me dijo: _Hija, estás muy bonita_. Yo le respondí que era porque me bañaba a diario.

Me trajo una tela para que mi mamá nos mandara hacer unos vestidos, y yo le dije que esa tela estaba muy fea; mejor que me comprara un vestido ya hecho. Así lo hizo, y también me hicieron vestidos con la tela fea que era para mí, porque, como ya te había contado, durante toda mi infancia solo usé vestidos o faldas.

Cuando tenía alrededor de ocho o nueve años, en una ocasión, decidí salir a jugar a la calle, con los vecinos, sin avisar. Jugábamos a esos juegos de "a la roña", como también se les decía, o a "tú las traes", "al bote escondido", "las cebollitas" o "los encantados". Recuerdo que, al correr, me agarraba el calzón con una mano porque casi siempre ya no tenía resorte.

Al regresar a casa al anochecer, papá me habló en un tono muy fuerte y me dijo:

_ Tu hermano se cayó.

_ ¿Dónde estabas que no lo cuidaste? todo por andar de chiva jugando en la calle.

En ese momento, mamá estaba con papá, pero ella no hizo nada para defenderme.

Me sentí desprotegida y culpable, como si fuera mi obligación cuidar de mis hermanos, a pesar de ser solo una niña. Desde entonces, asumí la responsabilidad de cuidar de ellos, sintiendo que debía estar siempre atenta a lo que les pasara.

Sé que a veces es complicado de entender, pero no debemos cargar a los hermanos mayores con la responsabilidad de cuidar a los más pequeños. Esto puede generar traumas en el futuro.

Es fundamental buscar ayuda de un adulto para que se encargue de cuidar a los niños, si los padres necesitan salir o trabajar.

No es saludable que un niño esté a cargo de otros niños. Entiendo que en ocasiones no hay otra opción y que a veces se tiene que hacer. Es importante buscar alternativas siempre que sea posible.

Un niño menor de edad no tiene por qué encargarse de las tareas de los adultos, tampoco tiene la fuerza ni la confianza para enfrentarse a determinadas situaciones.

Desde mi propia experiencia, sé muy bien lo que se experimenta ante una situación así, donde yo no podía comportarme de acuerdo a mi edad, porque desde pequeña tuve que asumir responsabilidades que en realidad no eran mías; yo también era una niña, pero mis padres no lo entendían así.

Recuerdo también que, en mi etapa de niña y adolescente, al despertar temprano, como todo niño, especialmente cuando no íbamos a la escuela, mis tres hermanos y yo jugábamos a los almohadazos.

Las almohadas estaban hechas de ropa vieja, muy vieja, porque mamá reutilizaba toda la ropa hasta que ya no servía.

Cuando escuchaba nuestros gritos, mamá solía decir: _ Me voy a ir a la punta del cerro donde no los escuche jamás, y no voy a regresar para no escuchar tanta gritadera de chamacos. A veces, se iba al cerro antes del amanecer a buscar leña, y regresaba cuando amanecía.

Me daba mucho miedo que cumpliera su amenaza y no volviera, porque, aunque a veces me llevaba con ella, casi siempre me dejaba para que cuidara a mis hermanos y encendiera la lumbre. Luego, al despertarme, preparaba café, té o canela para tomar algo calentito antes de ir a la escuela.

Cuando menciono "prender la lumbre", me refiero a que tenía que buscar basurita o leña delgada, para que pudiera encenderse el fuego, ya que, como te mencioné antes querido lector, no teníamos estufa.

Mamá, durante la temporada de nueces y pitayas compraba y revendía su mercancía en San Luis de la Paz, un lugar aproximadamente a una hora de nuestro hogar en camión.

En ocasiones viajaba una o dos veces por semana. Me preocupaba y me daba miedo que no llegara en el camión (al que llamábamos "guajolotero" porque era muy viejo y a menudo transportaba incluso animales) pasaba justo enfrente de nuestra casa a las 4:30 de la tarde.

Me aterraba la posibilidad de que se hiciera de noche y mamá no apareciera. Me preocupaba que pudiera cumplir su promesa de irse y no regresar, o que pudiera ocurrir algo en el camino de regreso, dejándome al cuidado de mis hermanos.

En esos momentos, me sentía abandonada y sola, pero siempre regresaba, gracias a Dios.

A veces llegaba tarde, quizás porque no había modo de regresar o porque aún le quedaba mercancía por vender y necesitaba quedarse un poco más de tiempo. Sin embargo, siempre traía algo de regreso a casa: pan o fruta, y juntos comíamos hasta saciarnos.

También traía tomates o frutas frescas para venderlas a la gente del rancho.

Las tortillas que hacía mamá, ya sea para nosotros o para venderlas a otras personas, eran inolvidables. ¡Me encantaba disfrutarlas!

Son bonitos recuerdos que vienen a mi mente y los conservo con agrado.

Ya te comenté que mis hermanos y yo éramos muy pequeños, con solo un par de años de diferencia entre nosotros.

Cuando el más pequeño de todos, aun siendo un bebé, mamá lo sentaba en una caja de rejas, colocando una almohada rellena de ropa vieja sobre sus pies, para hacerlo más cómodo. Esas cajas de madera eran las que se usaban para transportar frutas y verduras, evitando que se maltrataran.

Ella hacía esto, mientras el bebé no se podía levantar, y si lo intentaba, le amarraba con suavidad los pies y le ponía la almohada, para asegurarse de que no se saliera y se lastimara.

Cuando el niño crecía un poco más, tenía alrededor de un año, mamá extendía un petate y lo aseguraba ya sea de la cintura o un pie, a un horcón (un palo clavado en la tierra), con un cordón lo suficientemente corto para que no alcanzara el suelo, así evitaba que comiera tierra, pues eso provocaba que estuvieran lombricientos.

Todo esto que te he contado querido lector, es para que veas que mamá siempre se las ingeniaba para cuidarnos, manteniéndose atenta, incluso cuando tenía mucho trabajo por hacer.

Algo que siempre me impresionó de mis padres, es que no recuerdo que nos hayan golpeado nunca, mejor dicho, tal vez en ocasiones, pero no más allá de una nalgada ocasional.

Una vez, mamá me dio un ligero golpe en la boca mientras hacía tortillas, porque le imité lo que había dicho; aunque nunca se me olvidó eso, aprendí la lección porque jamás volví a hacerlo.

Con su firmeza, me enseñó a ser respetuosa y a entender que había límites en nuestro hogar.

El peso de las creencias

Además de lo que te he contado, otro aspecto que se evidenciaba en mi familia, eran las creencias.

Mamá decía: Si vas a casa de alguien, tienes que buscar qué hacer, algo en qué ayudar. Así te vas a dar a querer, porque una persona haragana, que no hace nada, nadie la quiere y no cabe en ningún lugar.

Si te dan de comer, siempre tienes que ayudar a lavar los trastes; también acostumbraba a decir: ayuda en algo, así la gente no va a andar hablando de ti.

Eso siempre me decía mamá, sin darse cuenta de que, de esta forma, me estaba convirtiendo en sirvienta de los demás, sin ningún pago. Así aprendí a darme a querer; sabía perfectamente cómo hacer para que la gente me quisiera, aunque fuera mientras servía.

Cuando papá estaba borracho y quería comer, necesitaba que alguien se quedara a platicar con él. No quería servirse la comida, así que era mamá quien le servía.

Nunca lo vi cocinar o ayudar en los quehaceres de la casa, ni siquiera a bañar o cambiar a mis hermanos.

Cuando se bañaba, siempre le gritaba a mamá: ¡Tráeme la toalla! ¡Tráeme mis calzones, pero ya!, y también su ropa, planchada y caliente. Mamá lo hacía sin problemas, ya estaba acostumbrada a ello y lo había normalizado en su vida, aunque a veces renegaba, pero solo entre dientes, sin decírselo directamente a papá.

Mamá le servía a papá como si fuera una sirvienta, no como una esposa. Sin embargo, debo admitir que yo hice lo mismo en mi relación anterior; había aprendido y normalizado ese comportamiento.

Nunca me quejé por ello, ya que para mí era algo que una esposa debía hacer. Mi expareja también se emborrachaba, aunque no con la misma frecuencia que papá. Para mí, eso era algo normal.

Recuerdo que cuando papá trabajaba como barrendero en el pueblo, llegaba a casa a medio día y la comida debía estar lista. Los frijoles tenían que ser del día, es decir, recién cocidos, porque no le gustaban los que habían sobrado del día anterior. En cuanto a la comida y la ropa, papá era muy exigente con mamá.

Mamá siempre se encargaba de los quehaceres del hogar.

Me sorprendía verla lavar ropa ajena a mano, hincada en el lavadero de piedra. A veces pasaba todo el día lavando, haciendo todo lo posible para ganar un poco de dinero extra. Yo hacía tortillas, cocinaba sopas, ponía frijoles y cuidaba a mis hermanos. Si mamá tenía mucha ropa ajena que lavar, también le ayudaba.

Hubo un tiempo en que íbamos al cerro a recoger orégano. Cuando lo vendíamos, le daba la mitad del dinero al dueño de la tierra donde lo recolectamos.

Generalmente, se juntaba por la mañana para secarlo durante el día, luego se varea por la tarde, y se ponía en costales para evitar que se ensuciara, y si no estaba seco, se tapaba para que no le cayera el sereno, ya que eso lo ponía negro y nadie lo quería comprar.

Casi siempre me dejaba cuidando a mis hermanos, mientras ella se iba con mi hermano mayor y algún otro de los menores, aunque a veces también me llevaba.

Otra cosa que siempre veía entre papá y mamá era que peleaban por dinero. Mamá le decía: _ Tú me das dinero y quieres que tenga el mismo dinero que me das cuando me pides más. ¿Acaso piensas que tus hijos no comen?

Ese era su argumento recurrente, y siempre terminaban discutiendo sobre DINERO, DINERO, DINERO, y nunca había suficiente.

Se decía que el dinero se ganaba con mucho esfuerzo y trabajo duro.

Desde pequeña, yo ayudaba a las vecinas a cuidar a sus hijos o a lavarles los trastes, y me pagaban por ello.

Recuerdo una ocasión en la que no teníamos tortillas para comer, mamá me estaba esperando con el dinero que yo trajera para comprar un kilo de harina de maíz y poder hacer tortillas para todos. Eso solo nos alcanzaba para una comida, como decía mamá, _ solo daba para una sentada.

En esa ocasión la señora no me pagó porque no tenía cambio y me dijo que al día siguiente me pagaría. Yo acepté. Al llegar a casa, mamá me estaba esperando con el dinero, y al contarle lo que había pasado, me sugirió: _ Dile que vas a ir a la tienda a comprar algo y que le cambias el billete, o ve a pedir fiado. ¿Cuál de las dos prefieres?.

A decir verdad, ambas opciones me daban mucha vergüenza, así que opté por decirle a la señora que iba a cambiar su billete.

Ese día pudimos comer tortillas calientes. Éramos muchos hermanos y todos pequeños, así que, comíamos bastante. Al final, terminamos con todas las tortillas, pero al menos habíamos logrado comer.

Cuando le pedíamos dinero a nuestros padres para comprar algo en la escuela, nos decían que los maestros pensaban que ellos estaban "barriendo dinero", expresaban, no alcanzaba para comer, menos que alcance para comprar otras cosas.

Desde pequeña aprendí que el dinero era un problema: que no había suficiente y que, además, era motivo de pleitos.

Aprendí que costaba mucho trabajo ganarlo y que, a menudo, quienes tenían dinero no lo habían conseguido de manera honrada.

Me enseñaron que era mejor ser pobre pero honrado, que el dinero no crece en los árboles y que debíamos conformarnos con tener lo suficiente para comer, porque había otros que ni siquiera tenían eso.

***Reflexión:** Amo, respeto y honro a mis padres, y los acepto tal como son. Sé que todos tenemos nuestra propia historia, y mis padres también tuvieron la suya. Ellos dieron lo mejor que pudieron a mis hermanos y a mí, de acuerdo a sus posibilidades.*

Respecto al otro tema que me afectó en mi infancia, animo a todas las mujeres y hombres que en algún momento de su vida sufrieron algún abuso sexual, que se atrevan a hablarlo.

Cuanto más lo compartan, más lo sanan. Como decía el Chavo del Ocho:

"Cuéntaselo a quien más confianza le tengas".

Si no lo dices a alguien, así pasen 100 años, el daño seguirá ahí, dentro de tu corazón y mente. Así que atrévete a ser tú mismo y deja de estar siempre a la defensiva y avergonzado por algo de lo que no eres, ni fuiste culpable.

Dale la oportunidad a tu niño o niña interior de sanar y descubrir la grandeza que llevan dentro.

Los niños son como un tesoro que todos quieren, pero muy pocos saben cómo cuidarlo.

Ahora te pregunto a ti que me lees ¿Te viste reflejado(a) en mi infancia?, ¿viviste algo en tu infancia que todavía estás arrastrando?

Te comparto estas recomendaciones que pueden ayudarte

Sanar las experiencias traumáticas como el alcoholismo de un padre o el abuso sexual, es un proceso complejo y personal.

Reconozco que no es una tarea fácil, pero se puede lograr sólo o buscando ayuda de otras personas; a menudo requiere el apoyo de profesionales de la salud mental.

Te comparto algunos ejercicios y prácticas que pueden ayudarte a trabajar en tu sanación, si has pasado situaciones similares a las que yo pasé en mi infancia.

Haz un diario personal: Escribir sobre tus experiencias puede ser un primer paso, además es un recurso poderoso. Debes anotar pensamientos, emociones y recuerdos que te ayudarán a procesar lo vivido y a liberar emociones reprimidas.

Técnicas de mindfulness: La meditación y la atención plena te pueden ayudar a mantenerte en el presente, controlando así la ansiedad y el estrés.

Existen aplicaciones y recursos en línea que puedes utilizar. Te sirven de guía para este tipo de prácticas.

Terapia artística: Dibujar, pintar o realizar alguna forma de arte, puede facilitarte la expresión de emociones difíciles y permitir que te conectes con tu lado creativo.

Ejercicios de respiración*:* *Las técnicas de respiración pueden ayudar a calmar la mente y reducir la ansiedad. Practicar respiraciones profundas, inhalando por la nariz y exhalando por la boca, puede ser muy beneficioso.*

Movimiento corporal*:* *La actividad física, como caminar, bailar o practicar yoga, ayuda a liberar tensiones acumuladas y mejora el bienestar emocional.*

Visualización guiada*:* *Crear un espacio mental seguro a través de la visualización, puede ayudarte a sentirte protegido y a explorar tus emociones.*

Grupos de apoyo*:* *Participar en grupos donde se comparten experiencias similares a las que viviste, puede generar un sentimiento de comunidad y comprensión, lo cual puede ser muy reparador.*

Cartas no enviadas*:* *Te sugiero escribir cartas a la persona implicada (sin la intención de enviarlas). Esto puede ayudarte a expresar lo que sientes, sin juicio alguno, solo dejando salir lo que hasta ahora te ha venido atormentando.*

Establecimiento de límites*:* *Aprender a establecer límites saludables en las relaciones puede ser fundamental para la sanación. Debes reflexionar sobre qué es aceptable y qué no, en tus interacciones con los demás. Poner límites no te convierte en una mala persona, todo lo contrario; te garantiza también mantener tu salud mental.*

Educación sobre trauma: *Leer sobre el impacto del trauma y sus efectos, te puede brindar mayor comprensión y validación sobre tus experiencias.*

Recuerda que estas prácticas son complementarias y no sustituyen la ayuda profesional. Es recomendable buscar apoyo de terapeutas o consejeros especializados en trauma o abuso sexual.

Ten presente siempre que, lo que sucedió, no fue, ni es tu culpa.

CAPÍTULO II
EXPERIENCIAS VIVIDAS

"Buscando identidad, encontrando el rumbo y abriendo caminos"

Araceli Ramírez

La adolescencia es una etapa en la que uno comienza a buscar su identidad, en mi caso, me sentía poco querida y, a menudo, muy fea. A decir verdad, solo mi abuela materna me dijo en un par de ocasiones que era bonita, aunque lo recuerdo perfectamente, eso nunca me había importado realmente.

En ese tiempo, empecé a ser notada por los chicos, mi cuerpo, (especialmente mis pompis) se habían desarrollado bastante. Esto me causaba mucha vergüenza, ya que era lo que más llamaba su atención. Siempre pensaba que quien realmente me quisiera no debería fijarse en mi apariencia física, sino en los sentimientos que llevaba dentro.

Ahora sé que la adolescencia es una de las etapas más hermosas de la vida, aunque cada fase tiene sus aspectos buenos y otros no tan buenos.

Recuerdo que en la secundaria entrábamos a las 7:00 a.m., yo tenía que caminar aproximadamente una hora para llegar a tiempo. A veces, mamá me acompañaba porque en el camino había muchos perros agresivos que se acercaban sigilosamente y, de repente, podían morder. Yo solía llevar piedras o un palo para defenderme, pero me aterraba porque generalmente, estos animales vienen en manada.

Quería salir corriendo, aunque sabía que eso solo empeoraría las cosas, ya que ellos me perseguían. A esa hora de la mañana, la calle estaba casi desierta. Cuando mamá no podía acompañarme, era porque mis hermanos se despertaban llorando, tenía que ir al molino o hacer otras tareas.

Siempre procuraba que ella me acompañara, al menos hasta la parte donde estaban los perros. Después, recitaba mis oraciones mientras caminaba por el centro de la calle. En ocasiones, al ver venir un coche, me ocultaba para evitar que me ofrecieran un aventón, ya que, al estar algo oscuro, no podía distinguir quién era.

Nada de lo que vivía en mi familia incluyendo la pobreza, el alcoholismo de papá, o incluso el abuso sexual, me impidieron que en mi adolescencia soñara despierta mientras observaba caer meteoritos, recordando lo que se dice: "cuando los vemos, debemos pedir deseos antes de que toquen la tierra".

Aprovechaba esos momentos para pedirle al universo lo que anhelaba.

Soñaba en grande, deseando salir del rancho, no porque no me gustara, sino porque quería estudiar, conocer nuevos lugares y viajar. Papá siempre nos decía que solo podía apoyarnos hasta la secundaria, y que, si queríamos seguir estudiando, debíamos buscar la manera de hacerlo solos.

Por esa razón, sabía que, si quería continuar mis estudios, tenía que salir del rancho hacia la ciudad. También, papá nos decía que, si reprobábamos un año, nos sacaría de la escuela y que, si alguna de nosotras quedaba embarazada, nos echaría de casa.

Sus palabras resonaban en mi mente, y aunque no siempre las decía con rabia, su tono era firme. Mis hermanas menores y yo le teníamos mucho miedo.

Ahora entiendo que papá solo quería protegernos, pero su forma de hacerlo era a través del miedo, ya que le dolía la idea de tener hijas que pudieran convertirse en madres solteras, lo que él consideraba una vergüenza para la familia.

Durante esos años, los gritos y las peleas, especialmente por dinero, eran constantes entre mis padres. Yo lloraba sin poder contenerme, y quizás, en el fondo, aprendí a manipular inconscientemente la situación, ya que mis lágrimas parecían calmar los ánimos.

Aún de adulta, algunas personas me han dicho que cuando lloro, ya no tienen ganas de seguir discutiendo.

Otras de las memorias de ese tiempo, es que a veces caminaba hacia la escuela con compañeros del rancho, cantando y contando chistes, lo que hacía el trayecto más divertido.

Aunque también tuve momentos menos agradables, como aquel que sucedió en mi primer año de secundaria, cuando ante la poca experiencia (porque apenas me había bajado el periodo menstrual), olvidé llevar los trapitos que mamá me daba para usar.

Me levanté de mi asiento para entregar un trabajo al maestro y, sin darme cuenta, manché mi falda ¡Me sentí muy avergonzada!, para mí fue un momento terrible, Algunas de mis compañeras se dieron cuenta y me prestaron un suéter negro, me lo amarré a la cintura para ocultar la mancha.

Aunque escuchaba murmullos, nadie se atrevió a decirme nada. Mi amiga me sugirió que le dijera a mamá que me comprara toallas femeninas. Para mí era algo desconocido, hasta ese momento, no sabía que existían.

No podía decirle a mamá, ella solo me daba trapos porque no había dinero para comprar toallas.

Esa experiencia fue un gran aprendizaje; nunca más me volvió a pasar, porque ahorré para comprar mis propias toallas y, si veía a otra chica en la misma situación, la ayudaba de inmediato.

Durante la época de secundaria, como ya te había mencionado, fue un periodo en el que me sentía poco atractiva y experimentaba un fuerte rechazo por parte de los demás. No encajaba en mi entorno; en casa, sentía que no me comprendían ni me querían, aunque mis hermanos solían decir que era la consentida de mamá.

Quizás era cierto, sin embargo, esa "consentida" se debía a que siempre intentaba anticiparse a sus necesidades.

Siendo una niña tenía que ser muy responsable

Desde muy joven, a los 12 años, ya me encargaba de las tareas del hogar y cuidaba de mis hermanos. Esto me alejaba de mis compañeros de la misma edad y limitaba mis amistades, al no tener tiempo para jugar.

En ese tiempo, cerca de mi casa, los chicos y chicas se reunían todas las tardes para jugar voleibol, pero mamá decía que eso era para quienes no tenían nada que hacer, así que nunca podía ir, aunque quisiera.

Papá, al vernos sentadas o descansando, siempre nos decía que nos pusiéramos a hacer algo, que no podíamos estar ociosas. Por eso, siempre estaba ocupada.

Aprendí a bordar servilletas, a hacer ganchillos y a tejer con dos agujas, creando mis propios suéteres, pantalones y vestidos. En la secundaria, también tomé clases de corte y confección, lo que me permitió hacer mi propia ropa.

El día de mi graduación de secundaria. Estábamos trabajando en la milpa y yo deseaba ir al baile. Me daba miedo pedirle permiso a papá, ya que, para él, el trabajo siempre era lo primero. No era sólo el regaño lo que me asustaba, sino el drama y los gritos que solía armar.

Mamá, al darse cuenta de mi deseo, me dijo que fuera y que ella me alcanzaría más tarde. Sin pensarlo, corrí a casa, me bañé, me vestí y me fui al baile. Posteriormente, mamá llegó para recogerme. Lo mismo ocurrió cuando cumplí mis 15 años.

Los cumpleaños no los celebraban, de hecho, creo que mis padres nunca se acordaron de la fecha. Para mí y para mis hermanos era algo normal.

En una ocasión, había un viaje a las pirámides de Teotihuacan, justo al final de la secundaria, y le dije a mamá que quería ir; no sé cómo, pero, de alguna manera logró darme el dinero para el pasaje, y me fui a la excursión.

Ese gesto de mamá fue una de las formas en que demostró su amor hacia mí. Siempre que necesitaba algo, se lo decía, y ella se encargaba de hablar con papá para resolverlo.

A pesar de todos los esfuerzos que hacía mamá y también papá para mantener la economía de nuestra familia, después de terminar la secundaria, tuve un año sabático sin saberlo, ya que no contaba con el dinero necesario para continuar mis estudios en la preparatoria.

Antes de salir a estudiar a la Ciudad de México, trabajé un tiempo para juntar algo de dinero que me permitiera iniciar mis estudios en la preparatoria.

Comencé ayudando en los quehaceres del hogar en la casa de unos maestros, cerca del rancho donde vivía, durante las vacaciones.

Luego, me trasladé a Guadalajara, donde trabajé durante seis meses. Mi objetivo siempre fue estudiar la preparatoria, así que finalmente me mudé a la Ciudad de México para cumplir ese sueño.

Viví en el apartamento de la suegra de mis primos, en el Estado de México. Aunque el lugar era pequeño, nos acomodamos todos. La señora Blanca, la dueña del apartamento, era una persona muy generosa; siempre le gustaba ayudar y nunca me cobró renta durante el tiempo que estuve allí.

Más tarde, nos mudamos a un cuarto de cartón, esos que se utilizan en México para empaquetar leche. El cuarto estaba lleno de agujeros, y durante las lluvias, teníamos que colocar muchos botes para recoger el agua. Apenas quedaba un espacio seco donde mamá y yo podíamos acostarnos, ya que, si llovía mucho, el agua corría incluso debajo de la cama.

En una ocasión, antes de que mamá se enfermara, cuando regresé de vacaciones de Semana Santa, en el camión hacia la Ciudad de México. Aún tenía 15 años y un hombre muy guapo y elegante se sentó cerca de mí. No me di cuenta que me estaba cuidando hasta que se acercó y me preguntó si viajaba sola. Yo, siendo muy respondona, le contesté: _ ¿Acaso ves a alguien más conmigo?".

En ese momento, mis instintos se activaron, él sonrió y me dijo que era muy agresiva. Solo encogí los hombros y volví a ver hacia otro lado. Me preguntó si buscaba trabajo, a lo que respondí que no, que solo estudiaba

Inmediatamente pensé que debía bajarme del camión antes de llegar a casa, así que lo hice, justo cerca de una biblioteca. Él también se bajó y me siguió.

Antes de entrar a la biblioteca, me dijo que no quería hacerme daño, solo ayudarme. Estaba sorprendida, traté de mantener la calma y le pregunté ¿cómo podía ayudarme?

En ese momento, me ofreció trabajo y un lugar donde quedarme, diciéndome que solo tenía que llamar a un lugar en Petróleos Mexicanos, donde estaban buscando gente, y que iría recomendada por él.

Insistí en que no estaba buscando trabajo, pero él no se daba por vencido. Me mostró credenciales y tarjetas, pero nunca me alejé de lugares concurridos, por· si necesitaba gritar. Después de tanta insistencia, me pidió que lo acompañara al baño. Mis ojos se abrieron de par en par y, por supuesto, le dije que no.

Estaba dispuesta a gritar si era necesario, así que seguí caminando más rápido y me metí en la biblioteca, llevando mi maleta. Él se quedó afuera durante casi dos horas, mientras yo estaba adentro, nerviosa y rezando.

Finalmente, salí por la puerta de atrás, mucho después de que él se había alejado. Tenía miedo de que me estuviera esperando más adelante, sabía que debía irme antes de que cerraran la biblioteca. Tomé un taxi para llegar a casa, sintiendo que la situación no había sido nada buena.

Después de sufrir un abuso sexual en mi infancia y sin contárselo a nadie, me había convertido en una adolescente desconfiada, siempre a la defensiva con los hombres mayores.

Caminaba con cautela, como un gato que pisa despacio en terreno desconocido. Me quedaba dormida con la ropa de vestir puesta, especialmente con pantalones, por si necesitaba salir corriendo. En mi mente, me había prometido que nadie volvería a abusar de mí.

Tengo en mi memoria las palabras de mamá, siempre me decía que no fuera tan confiada, que el hecho de que alguien sonriera y fuera amable, no significaba que era una buena persona.

Debía ser precavida a pesar de que, desde niña, siempre he tenido la certeza de que Dios está conmigo en todo momento, aunque en el próximo capítulo te contaré cómo por un tiempo me alejé de Él...

Momento de reflexión

Desde pequeña, aprendí a cuidar de los demás y muchas veces olvidé lo que yo necesitaba. Pasó mucho tiempo para aprender que yo debía cuidarme, esa lección se me quedó bien grabada.

Ahora cuando me sorprendo queriendo actuar igual que antes, me pregunto: ¿qué pasa con mis propias necesidades?, entonces me recuerdo que yo también soy importante.

Es fácil caer en la trampa de pensar que la única manera de mostrar amor es ocupándose de otras personas. Sin darnos cuenta de que, al hacerlo, podemos perder de vista quiénes somos realmente.

Pensemos en esto: cuidar de los otros es hermoso y necesario. Pero, ¿qué sucede cuando nos olvidamos de cuidar de nosotros mismos en el proceso? Es como tratar de llenar un vaso vacío; al final, no tenemos nada que ofrecer.

Si siempre estamos pendientes de las necesidades de los demás, terminamos sintiéndonos agotados, frustrados e incluso resentidos.

Te invito a que te detengas un momento y reflexiones:

¿Qué cosas tuyas has dejado de lado, porque crees que no son importantes?

¿Cuánto tiempo dedicas a hacer algo que realmente disfrutas?

A veces, dar un pequeño paso hacia nuestro propio bienestar puede hacer una gran diferencia.

Amarnos a nosotros mismos no es egoísta. Al contrario, cuando nos cuidamos, estamos en una mejor posición para ayudar a quienes nos rodean.

Un abrazo o una sonrisa genuina, se siente mucho mejor cuando venimos de un lugar lleno y feliz. Así que la próxima vez que te sientas abrumado cuidando de los demás, pregúntate:

¿Qué quiero hacer en este momento?

¿Qué necesita mi corazón?

Escuchar nuestras propias voces y necesidades nos ayuda a crecer y a ser más auténticos. Al final, cuidar de nosotros mismos también es cuidar de las personas que amamos. ¿No crees?

Hoy acepto lo que ya ha pasado y elijo vivir en el presente, en el aquí y el ahora, consciente de que solo estamos de paso en esta vida y que la muerte es una certeza.

Lo único que realmente me llevo en el alma son las experiencias vividas, tanto las buenas como las malas; por esa razón decido plenamente vivir cuidando de mí, dándome gustos cuando quiero, comprendiendo mi propio proceso sin juzgarme, amándome y respetándome porque sé que, si no lo hago yo, nadie más lo hará por mí.

Te exhorto a que tú también hagas lo mismo.

CAPÍTULO III
¿DIOS ES CASTIGADOR?

"Cuando más oscuro está, es porque pronto va a amanecer"

*E*sta etapa fue una de las más desafiantes de mi vida, pero también una de las más enriquecedoras.

Honestamente, no sé cómo logré terminar la preparatoria mientras trabajaba, estudiaba y acompañaba a mamá a sus citas médicas. Déjame contarte.

Mamá se enfermó de cáncer cuando ya estaba en el Estado de México, cursando la preparatoria. Descubrió una pequeña bolita en uno de sus pechos mientras estaba embarazada de mi hermana menor. Por esta razón, decidió no someterse a ningún tratamiento médico, ya que su prioridad era proteger al bebé que llevaba en su vientre.

Fue solo después de que nació mi hermana, que comenzó a tomar acción sobre su enfermedad.

Pasaron tres meses antes de que su pecho se inflamara muchísimo, y luego se le reventó "como si fuera una bomba", así pensé cuando lo vi.

Tal vez eso fue lo que pasó, debido a la producción de leche que tenía por el parto. Fue entonces cuando decidió ir a la Ciudad de México para tratar su enfermedad en el Hospital Juárez, gracias al apoyo de mis primos; siempre estaré agradecida por su generosidad hacia mamá.

Aunque en aquel entonces yo tenía solo 16 años y no comprendía completamente la gravedad de la situación, en todo momento, mantuve la fe y la esperanza de que mamá se recuperaría.

Sin embargo, su condición era dura. De su pecho emanaba un olor desagradable, parecía que estaba muriendo en vida, olía "como si tuviera un perro muerto al lado", a pesar de usar perfume y desodorante, no podía ocultarlo.

Esto le resultaba desesperante, especialmente cuando íbamos al hospital y teníamos que tomar el camión, ya que la gente se alejaba de ella por ese mal olor.

Mamá no sabía cómo manejar la situación. Además, el pus salía en abundancia, manchando su ropa y causando dolor cada vez que intentaba despegarla.

Aunque no puedo recordar el tiempo exacto que pasó antes de que los doctores decidieran remover su pecho, sí sé que fue un proceso doloroso.

Ellos tomaron piel de sus piernas para cubrir la herida, algo que le causó un ardor intenso. Mamá nunca fue de las que se quejaba o lloraba por el dolor; a veces parecía triste, seguramente por el sufrimiento y por haber dejado a mis hermanos menores en el rancho.

A pesar de todo, siempre mantenía una sonrisa en los labios. Solo recuerdo que cuando le dolía, apretaba los dientes y pronunciaba la letra "s", como si eso pudiera aliviar su malestar. Solía decir que sentía que le quemaba y ardía. Durante su enfermedad, fue extremadamente valiente.

Nunca la vi quejarse, ni una sola vez expresó pensamientos como ¿Por qué me pasa esto a mí? Solo vivía cada día.

Después de que decidieron su cirugía, mamá estaba débil y no podía moverse con facilidad. Al ser un hospital público, el personal era escaso durante la noche, así que yo me quedaba con ella, entrando a las 3 de la tarde cuando comenzaba la visita y saliendo solo para comer algo.

Algunas veces me escondía en el baño para evitar que el personal de seguridad me descubriera, ya que era menor de edad y no tenía permiso para quedarme. Sin embargo, eso nunca me detuvo, y a menudo entraba por la puerta trasera que solo utilizaban los doctores y el personal.

Nunca me dijeron nada, probablemente ni siquiera se dieron cuenta. Cuando el guardia me preguntaba si tenía permiso para quedarme 24 horas, respondía con seguridad que sí, y mamá solo sonreía.

Las enfermeras sabían que no tenía permiso; mi hermano mayor también se quedaba a cuidar de mamá cuando podía.

Así pasamos ese tiempo después de la cirugía, alternándonos en su cuidado. Posteriormente vino otro periodo de sufrimiento para ella: las radiaciones y quimioterapias.

Las radiaciones la hacían sentir un ardor intenso, las quimioterapias le causaban náuseas y debilidad. Para que se alimentara, le hacía caldo de pollo, porque no sabía qué más ofrecerle en esos momentos difíciles; también le caía muy bien lo salado, como galletas. Tuve que aprender a valerme en todos los sentidos.

Me las arreglaba para estudiar, trabajar y cuidar de mamá durante su enfermedad. El agresivo tratamiento de quimioterapia provoca la caída del cabello, y mamá no fue la excepción.

A pesar de todo, ella nunca se quejó de lo que estaba pasando; siempre trataba de ser lo más feliz posible, incluso en medio del dolor. Esa actitud fue realmente admirable.

Fue en diciembre cuando mamá y yo decidimos visitar a mis hermanos en el rancho para pasar Navidad juntos. Al parecer, ella estaba bien: comía adecuadamente, ya le habían suspendido la quimioterapia y la radiación, y solo le quedaban algunas consultas regulares con el médico.

Eso era lo que creía, y también le había crecido el cabello. Sin embargo, ahora reflexiono que tal vez el doctor no quería decirme lo que realmente estaba ocurriendo con ella, ya que mi hermano y yo la acompañamos a sus últimas citas.

Me confié y asumí que mamá estaba bien. Teníamos que caminar aproximadamente 30 minutos para llegar al primer microbús, y fue ahí donde comencé a notar que le costaba respirar y se cansaba rápidamente.

Mi mente se llenó de inquietudes y yo me preguntaba: "Dios mío ¿qué le está pasando a mamá?". Estaba desesperada, pero traté de mantener la calma mientras conversábamos.

Sin saber qué hacer, logré convencer a mamá de que ingresara al hospital solo para asegurarnos de que estaba bien. Ella no quería, insistía en que su deseo era llegar al rancho y ver a sus hijos.

Le respondí que quería que estuviera feliz con ellos, por eso era mejor que la revisara el doctor, así que, entre pláticas, finalmente accedió a pasar por una revisión, ya que el hospital quedaba cerca de la central de autobuses.

Desafortunadamente, no salió con vida de allí. Se quedó con las ganas de ver a sus hijos por última vez.

Era el 21 de diciembre cuando ingresamos al hospital y no la dejaron salir. Me quedé a su lado durante todo ese tiempo, regresando a casa solo para bañarme y cambiarme, siempre burlando la vigilancia del hospital.

Los doctores nunca me daban información clara sobre su estado; tal vez esperaban que alguien mayor de edad estuviera presente. Tenía la esperanza de que la dieran de alta para poder ir al rancho a pasar la Navidad juntos.

El 24 de diciembre, le pedí a un doctor que me dijera la verdad sobre lo que ocurría con mamá. Me preguntó si realmente quería saber y, con valentía, le respondí que sí. Me sacó del cuarto de mamá para que ella no escuchara. Su respuesta fue devastadora: _ Tu mamá no saldrá este año. Si deseas que algún familiar se despida, llámalos para que vengan.

Me quedé sin palabras. Me explicó que el cáncer había invadido sus pulmones y que no había nada más que hacer. Aunque agradecí su sinceridad, fue un golpe muy duro de asimilar.

En ese momento, me negaba a aceptarlo, aferrándome a mis creencias de que Dios no podía permitir que algo así le sucediera a mi familia.

Tomé acción inmediata. Informé a mi hermano mayor y mandé a que le avisaran a papá lo que estaba sucediendo, con un familiar que iba para el rancho.

Agradecí que mi padre pudiera venir a la Ciudad de México para ver a mamá y hablar con ella dos días antes de su fallecimiento. Durante todo el año, nunca había logrado visitarla, aunque siempre me preguntaba ¿por qué no lo hacía?

Cuando papá vino a la ciudad y visitó a mamá en el hospital, me dijo: _ Hija, solo asustan. Tu mamá está súper bien. Me haces venir desde el rancho, y tú ves que está muy sonriente _. Efectivamente, mamá lucía tranquila, su rostro irradiaba paz, su color de piel era normal, hermoso, como si no estuviera enferma.

Durante esa visita, decidí salir del cuarto y dejarlos platicar, sintiendo que todo estaba perfecto, lleno de amor y felicidad.

En ese instante, llegué a dudar de lo que el doctor me había dicho, deseando con todo mi ser que realmente hubiera estado equivocado.

Esa noche, dejamos a mamá en el hospital. Al día siguiente, papá regresó al rancho, y yo volví a visitar a mamá en el horario de visitas.

Fue entonces cuando vi a una mujer transformada; parecía totalmente curada, como si nada le doliera. Su semblante era alegre y lleno de amor, una tranquilidad que nunca antes había visto en ella.

Platicamos sobre la vida, sobre lo feliz que estuvo por la visita de papá, y lo emocionada que estaba de que pronto la darían de alta.

La hora se nos pasó volando, y al final de la visita, me dijo: _ Hija, ve a casa y tráeme la mejor ropa, te aseguro que mañana me darán de alta. Yo, deseando quedarme a su lado, le repetí que quería estar con ella, pero insistió en que obedeciera y me envió a casa con una sonrisa.

El dolor y la frustración llegaron a mi vida

Al día siguiente, tomando la ropa que ella misma había elegido para salir del hospital, me dirigí hacia allá. Sin embargo, por azares del destino, el autobús se retrasó 15 minutos, y llegué a las 3:15 p.m.

Cuando entré, la enfermera me esperaba antes de llegar al cuarto de mamá. Con un tono serio, me dijo que no podía pasar. En ese momento, en mi interior sabía que algo andaba mal. Mi intuición lo supo al instante, sorprendida, gritando con mi corazón latiendo al mil, empujé a la enfermera y corrí hacia el cuarto de mamá.

Estaban dos enfermeras en la puerta, a las cuales también aventé para pasar. Sabía lo que estaba pasando sin que ellas hablaran. Al llegar al cuarto, abracé a mamá todavía tenía abiertos los ojos y se los cerré, estaba calentita aún.

Gritaba con desesperación en medio de un mar de lágrimas, renegando de lo injusto que era Dios y reclamando también el por qué no hacía el milagro de salvarla, si Él era el todo poderoso.

Le preguntaba por qué no veía la situación. Si era Dios, al que tanto yo amaba y también que me portaba bien, ¿Por qué me quitaba a mi madre?; entre otros reclamos, esto era lo que decía en ese momento.

Me sentía traicionada, pues siempre había creído en su justicia y bondad. En ese momento, hice promesas a mamá de cuidar de mis hermanos lo mejor que pudiera. Yo misma me eché esa carga, que estuve llevando sobre mis hombros durante muchos años.

Recuerdo que las enfermeras me dieron un momento a solas con ella, pero después tuvieron que intervenir y sugerirme que, si no me calmaba, tendrían que sedarme. Les respondí, llena de rabia: _ Se me acaba de morir mi madre, ¿y ustedes quieren que esté bien?

Con calma, me hicieron ver que debía tomar decisiones y aprender a estar bien. Poco a poco comencé a calmarme y avisar a mis primos sobre lo ocurrido. Me dejaron un rato más con mamá, antes de que se la llevaran, tras finalizar la hora de visita.

Regresé a casa y dejé una nota para mi hermano mayor, que estaba en el ejército, explicándole la situación y con la esperanza de que pudiera venir a visitar a mamá en esos días festivos. También le compartí que había decidido irme al rancho a esperar su llegada.

Gracias a la generosidad de mis primos, se hizo posible cubrir los gastos del traslado de mamá hacia el rancho, para su despedida final, siempre estoy agradecida por ello, ya que en ese momento no tenía el dinero necesario.

Mi hermano, al leer la nota, decidió ir al rancho. Sin duda, ese fin de año fue un periodo intenso de tristeza, cansancio y profunda reflexión. En el rancho, nadie esperaba esa trágica noticia, mucho menos papá, quien dos días antes había visto a mamá completamente recuperada.

Recuerdo especialmente el dolor de mi abuelita, la madre de mi mamá; no puedo imaginar el sufrimiento que debe sentir una madre al perder a su hijo. Eso me remite a la Virgen María, quien sufrió la pérdida de su hijo.

Durante muchos años cargué con la culpa por no haber llevado a mi madre al rancho como habíamos planeado. A la vez, me consolé pensando que hubiera sido peor si ella hubiera fallecido allá, sin médicos a su alrededor; eso habría multiplicado mi culpa al preguntarme si quizás habría sobrevivido de haberla llevado al hospital a tiempo.

Así sucedieron los hechos. Ahora estoy segura de que, en ese momento, tomé la mejor decisión posible.

Dios no me escuchó

Después que mamá murió, me encontraba profundamente enojada con Dios por no haber hecho el milagro que tanto había implorado, por no haberle quitado el cáncer. ¿En quién podía creer, si Dios todopoderoso me había fallado? Desde entonces, me distancié de Él, sintiendo que no era justo y que parecía un castigador, como siempre había escuchado de niña.

Desde pequeña, oía que, si te portas mal, Dios te castiga, esa creencia, estaba muy arraigada en mí. Frases como estas, eran casi habituales entre personas conocidas: "Si no obedeces a tus padres, si te portas mal, si robas, si no vas a misa el domingo, si no das diezmo o si no rezas, con seguridad enfrentarás un castigo".

A menudo escuchaba a los mayores decir que, quienes pasaban por una mala racha estaban siendo castigados por Dios; debido a sus malas acciones, Dios derramaba su furia sobre ellos.

Cuando alguien estaba enfermo, la gente comentaba que estaba pagando un precio por lo que había hecho.

Ante esta visión, yo le decía a Dios: _ Siempre me he portado bien, lo mejor que he podido, y tú me pagas así, quitándome a mi mamá. Entonces, ¿eres un Dios malo que no se preocupa por nosotros? No cumples tu palabra de que, si te portas bien, te va bien.

Yo me había esforzado por ser una buena persona. Nunca robé, nunca mentí, y no me quejaba de mis padres; al contrario, los ayudaba mucho. Sin embargo, aun así, Dios no hizo el milagro de sanar a mamá, por lo que comencé a alejarme de Él, cuestionando su poder y su voluntad.

Más tarde comprendí, que todo lo que sucede es parte de su plan.

Gracias a que Él permanece en silencio, pude expresar mi reclamo sobre la muerte de mamá sin recibir respuesta inmediata. Pero Dios, con su esencia de amor y paz hacia toda la humanidad, siempre me ha brindado un amor incondicional en todos los sentidos. Hoy, estoy infinitamente agradecida y bendecida por ello.

Cuando se tiene el cuerpo del ser querido fallecido, presente para velarlo, los días se vuelven largos y dolorosos, pero a pesar de todo, no quería que terminaran.

Cuando la gente me abrazaba y me ofrecía sus condolencias, me preguntaba ¿por qué decían, lo siento? si realmente no podían comprender lo que yo sentía. Al escuchar esas palabras, pensaba: "Cállate, no sientes nada".

Incluso, cuando me ofrecían dinero para ayudar con los gastos del entierro, me preguntaba: "¿Para qué?" Este dinero lo necesitaba cuando mamá estaba enferma. Ahora ya no sirve de nada.

A veces, recordaba lo que ella decía: "Para enterrarme, basta una bolsa de plástico". Por supuesto, solo lo pensaba, y espero haber sido lo suficientemente prudente como para no ofender a nadie con mis palabras.

Despedirse de un ser querido, es una experiencia desgarradora para quienes lo aman. Solo pensar que nunca volverás a ver a esa persona toca el alma y, al menos en mi caso, me hace reflexionar y valorar a quienes aún tengo a mi lado.

Cuando dejamos a mamá en el cementerio, fue un momento de profundo dolor para todos Personalmente, no quería separarme de ella; fui una de las últimas en salir de allí, y me tuvieron que sacar casi arrastrando. A pesar de eso, al llegar a casa, mi corazón encontró un poco de descanso, y me dormí, sin saber nada de mí ni de nadie hasta el día siguiente.

Aunque no estábamos tan lejos del rancho, unas seis o siete horas en camión directo, y tal vez cinco o menos en coche, recuerdo que cuando mamá estaba enferma, solo visitamos a mis hermanos un par de veces, por la falta de recursos económicos.

Ellos se quedaron en el rancho, bajo el cuidado de papá y de mi abuelita materna, quien fue de gran ayuda, especialmente para mi hermana menor, que tenía entre tres y cuatro meses cuando mamá se separó de ella.

Mi abuelita asumió el rol de mamá durante la enfermedad de mi madre, mientras que papá solo se encargaba de la parte económica.

Mi hermano mayor y yo ayudamos en lo que podíamos, y mis primos también colaboraban con los gastos de mamá.

Todos los que estaban cerca de ella trataban de ayudar en lo que podían. Sin duda, fue un año de escasez, tristeza y dolor, pero también de grandes aprendizajes en todos los sentidos, especialmente para mí.

Después que mi madre falleció, la gente me decía: _ Ahora tú eres la mamá de todos esos niños, porque eres la mayor de los hermanos.

Para mí, eso significaba una gran carga. Realmente no sabía ni cómo cuidarme a mí misma, mucho menos a tantos niños. Me quedaba pensativa, sin saber qué hacer ni qué responder.

Era una cruda y triste realidad que debía de asumir para lo cual no me sentía preparada.

Después de los rosarios que se realizan en mi pueblo, como despedida del fallecido, regresé al Estado de México, a vivir en una casa de cartón, sin ánimos de nada.

A pesar de eso, terminé la preparatoria. Recuerdo que no asistí a la graduación porque no tenía dinero para comprar ropa nueva y, además, no tenía deseos.

Luego de recoger mi certificado, regresé a mi rancho para vivir con mis hermanos

En ese tiempo, tras terminar la preparatoria, ya podía dar clases de preescolar y estaba estudiando los fines de semana en la Universidad Pedagógica Nacional en Querétaro, aunque no terminé mis estudios, porque me casé en el 2000 y, dos semanas después, viajamos al extranjero mi esposo y yo.

Me casé muy joven, a los 22 años. Bueno, quizás no tanto, pues en esos tiempos la mayoría se casaba a los 15 años o más. Sin embargo, a esa edad, fue que llegó a mi vida quien creía que sería mi rescatador, el que me cuidaría y protegería.

Estaba muy enamorada. Pensé mucho en la decisión de casarme y viajar al extranjero porque mis hermanos eran pequeños todavía, pero sabía que desde allí podría ayudarles económicamente.

Además, mis dos hermanas menores también tenían novios en ese momento, y me preocupaba que se casaran antes que yo, dejándome a cargo de mis cuatro hermanos menores. No era que no quisiera cuidar de ellos, sino que, al ver a los más pequeños solos, no habría tenido el corazón para dejarlos con papá.

Mi padre hacía lo que podía, asegurándose de que no faltara la comida, y se podría decir que era un buen proveedor.

Pensé que, si no me casaba, la relación a distancia sería complicada, porque ya en aquel momento mi novio me había dicho que no podría ir tan seguido a México. Así que mi matrimonio fue la mejor decisión.

Reflexionemos juntos sobre la brevedad de la vida

A veces, la vida nos trae más preguntas que respuestas. Nos preguntamos por qué pasan ciertas cosas o para qué ocurren.

Lo cierto es que todos estamos aquí en tiempos diferentes: algunos llegan y se van muy pronto, otros permanecen por muchos años. La muerte es algo que a todos nos toca, y aunque no nos guste pensarlo, es una amiga inevitable que siempre está al acecho.

Cuando miro hacia atrás, pienso en mi mamá, que se fue tan joven, a los 37 años. Luego están mis abuelas, que vivieron más de 90 años.

Mi abuela materna decía que las personas buenas se mueren pronto, porque Dios no quiere que sufran demasiado en esta vida. Ella lo decía con un tono de resignación, preguntándose por qué seguía viva cuando otros se iban antes.

Pero la vida tiene su propio ciclo, y al final, todos llegamos a nuestro final.

Reflexionando sobre esto, me doy cuenta de lo importante que es disfrutar de cada momento con quienes amamos. No sabemos cuánto tiempo nos queda.

Las risas compartidas, los abrazos cálidos, las conversaciones sinceras son regalos que nunca debemos dar por sentado. Cada instante es una oportunidad para crear recuerdos que permanecerán con nosotros, incluso cuando ya no estén físicamente.

Así que, en lugar de dejarnos llevar por el miedo a la muerte, ¿no sería mejor centrarnos en vivir plenamente, valorando lo que tenemos en el presente, cultivando el amor y la bondad en nuestro entorno?

La vida puede ser breve, pero lo que hacemos con ella y cómo amamos a los demás puede dejar una huella que dure para siempre.

Al final del camino, no es la cantidad de años lo que importa, sino la calidad de esos momentos que compartimos. Así, honramos a aquellos que hemos perdido, llevándolos siempre en nuestro corazón.

Amado lector, luego de contarte mi triste historia relacionada con el fallecimiento de mi madre, te comparto algunas recomendaciones que te pudieran ayudar a enfrentar el dolor de la muerte, si estás pasando por una situación similar a la que yo viví.

Aunque yo en ese momento no las tuve, sé que pueden ser de gran utilidad.

Permítete sentir: Es normal sentir tristeza, enojo o confusión. No te reprimas; permite que tus emociones fluyan libremente, todo es parte del proceso.

Habla sobre tu pérdida: Busca apoyo en amigos o familiares. Compartir tus sentimientos con ellos puede aliviar el dolor.

Recuerda y celebra: *Haz un homenaje a tu ser querido. Comparte anécdotas, mira fotos o realiza una actividad que ambos disfrutaban. Recuerda los momentos felices y agradables que pasaron juntos, perdona también los que fueron tristes y desagradables, todos forman parte de la vida.*

Cuida de ti mismo: *Asegúrate de descansar lo suficiente, comer bien y hacer ejercicio. Ten presente que tu bienestar físico afecta tu estado emocional.*

Busca ayuda profesional: *Si el dolor se vuelve abrumador, hasta el punto que no lo puedas soportar, considera hablar con un terapeuta o consejero que te ayude a procesar tu pérdida.*

Establece una rutina: *Mantener los horarios para tus actividades cotidianas, puede proporcionar estructura y ayudar a sobrellevar el día a día.*

Haz espacio para la esperanza: *Aunque ahora te sientas triste, recuerda que es posible encontrar alegría y significado nuevamente en tu vida, nunca pierdas la fe de que así será.*

Recuerda que cada persona vive el duelo de manera diferente, así que dale tiempo a tu corazón para sanar, respeta tu proceso, poco a poco el dolor se irá aliviando, ya verás.

CAPÍTULO IV
ERES GRANDEZA

"Confía en tu grandeza para abrazar la vida"

Araceli Ramírez

Mucho se habla de la grandeza interna, pero te pregunto estimado lector ¿Te has puesto a analizar verdaderamente, a qué se refiere cuando hablamos de esto?

Mi objetivo al escribir sobre algo tan importante, es que descubras todo lo grande y poderoso que llevas dentro de ti, porque muchas veces permitimos que la vida nos aplaste y dejamos de creer en nosotros mismos, olvidándonos que Dios nos dio a todos talentos y virtudes, solo que a veces terminamos guardándolos en el baúl del olvido.

La grandeza interna, es esa cualidad que todos llevamos dentro, como un conjunto de valores, pensamientos y emociones que nos hacen únicos y especiales.

No se trata de ser famoso o tener mucho dinero, sino de ser verdaderamente uno mismo, de querer y respetar a los demás tal como son, contribuyendo al mundo de una manera genuinamente positiva.

Es el brillo que se encuentra en nuestra mente y también en el corazón; es eso que se expande cuando actuamos con autenticidad.

Descubrir nuestra grandeza interna comienza por conocernos mejor. Esto significa dedicar tiempo a reflexionar sobre quiénes somos, cuáles son nuestras pasiones y qué es lo que realmente valoramos en la vida.

A veces, en la rutina diaria, podemos perder de vista lo que verdaderamente importa para nosotros. Por eso, es fundamental hacer pausas y preguntarnos:

¿Qué me hace feliz?

¿Qué habilidades tengo que puedo compartir con los demás?

Una vez que empezamos a descubrir la propia grandeza, el siguiente paso es cultivarla. Esto implica cuidarla y hacerla crecer, como si fuera una planta.

Podemos lograrlo a través de acciones simples, como practicar la empatía, ser amables con los demás y ser sinceros con nosotros mismos. Además, es vital rodearnos de personas que nos inspiren y nos motiven a ser nuestra mejor versión. Ellos pueden ayudarnos a ver lo valiosos que somos.

Por otra parte, es imprescindible aprender a perdonarnos por los errores cometidos, dejando atrás el miedo al fracaso.

Cada experiencia, buena o mala, nos enseña algo y nos ayuda a crecer. Todo lo bueno que poseemos, comienza a florecer cuando nos atrevemos a soñar y a trabajar con dedicación, para alcanzar esos sueños, sin importar los obstáculos que nos encontremos en el camino.

Alcanzar tu grandeza depende de ti. Nadie puede interrumpir tu paz cuando decides buscar soluciones a las acciones mal tomadas. Es esencial que, al enfrentar determinadas situaciones, actúes sin perder la serenidad.

La grandeza, ese inmenso poder que reside en tu interior, te pertenece. Solo necesitas reconocerlo, porque es tuyo, siempre ha estado en ti.

Búscala desde adentro, observa tus habilidades mientras identificas y aceptas al mismo tiempo, las limitaciones que estés enfrentando en la actualidad.

Tú tienes el poder sobre ti mismo y sobre tus acciones. Recuerda que no tomar ninguna decisión o acción también es una forma de decidir.

Dirige tu vida sin buscar culpables; asume la responsabilidad de tus propias elecciones y actitudes.

Recuerda que eres grandeza ya sea para tu familia o para un conocido. No importa si eres valorado y respetado por otros, lo fundamental es que te reconozcas y te valores tú, porque todos tenemos grandeza de una manera u otra, solamente que a veces no la sabemos identificar.

En resumen, la grandeza interna es un tesoro que todos poseemos. Descubrirla y cultivarla nos permite vivir una vida más plena y significativa, donde nuestras acciones marquen una diferencia tanto en nuestro mundo como en el de los demás.

Así que, ¡anímate a buscar en tu interior y deja que esa grandeza brille intensamente, embelleciendo cada día de tu existencia!

Los pensamientos que ya no deseaba en mi mente, se convirtieron en mi propia cárcel

Me casé siguiendo todas las tradiciones de mi rancho: por lo civil (lo legal), por la iglesia (porque, según se dice, es lo que Dios quiere) y, en cierta medida, por ingenuidad, ya que no sabía en realidad, lo que implicaba el matrimonio.

Durante mi vida matrimonial, tuve dos maravillosos hijos, Edwin y Monse. Disfruté de una vida de casada muy hermosa y feliz, verdaderamente satisfactoria para mí.

Hice lo mejor que pude, según mis conocimientos sobre el matrimonio y cómo llevar una relación de pareja.

Tenía la convicción de que sería para siempre; nunca imaginé que podría separarme. Al principio, me costó aceptar el divorcio, pero sabía que era algo que tenía que hacer, tarde o temprano.

Siempre pedía a Dios que este proceso se diera de manera fácil, rápida y pacífica, sobre todo desde el amor. Y así fue: un día, justo en mi cumpleaños, recibí el regalo que tanto esperaba: la solicitud de divorcio.

De verdad, lo agradecí.

Te preguntarás, ¿por qué no había solicitado el divorcio antes, si era lo que realmente deseaba? En realidad, no quería que mis hijos, los que Dios me ha prestado, anduvieran de aquí para allá entre su padre y yo.

No sabía si eso sería bueno o malo, pero no deseaba eso para ellos. Sin embargo, nunca me opuse a que su padre los viera cuando quisiera.

Indudablemente, las madres que nos quedamos solas con los hijos, ya sea por decisión propia, como fue mi caso, o por otras circunstancias de la vida, realmente necesitamos ayuda.

Los hijos son un maravilloso regalo que nos da la divinidad, pero lo cierto es que, cuidarlos a tiempo completo es agotador; entre el trabajo, las actividades diarias de los niños y las tareas del hogar, uno termina muy cansado al final del día.

Claro, siempre lo hice con gusto y amor, aunque no habría estado de más recibir una ayudita extra, de vez en cuando.

Agradezco siempre a mi exesposo, con quien compartí muchos años. A pesar de que no tuve la oportunidad de decírselo personalmente antes ni en el momento del divorcio, siempre deseo que Dios le bendiga y le dé lo mejor en esta vida y en la otra, si es que la hay.

He roto la creencia de que el matrimonio es hasta que la muerte nos separe; ahora digo que es hasta que ambos quieran ir por el mismo camino y compartan valores similares; cuando sucede lo contrario es preferible tomar rumbos diferentes, y eso, también está bien.

No estoy diciendo que las personas casadas deberían divorciarse, ni que las solteras no deben casarse; esa es una decisión individual. Sin embargo, estoy segura de que hay muchas cosas que se pueden trabajar en pareja, y que, en realidad, el trabajo comienza en uno mismo y en saber cómo comunicarlo al otro.

Cuando el matrimonio no funciona, no es recomendable mantenerlo ni por los hijos, apariencias sociales, creencias, ni ninguna otra circunstancia, porque eso lo que hace es que, quedemos atrapados en un círculo vicioso de tristeza, sufrimiento e infelicidad, empequeñeciendo cada vez más, la esencia del ser humano, alejando de nosotros la grandeza y felicidad que merecemos.

Araceli Ramírez

El traje de víctima ya no me quedaba bien

Durante mi vida adulta, me di cuenta de que pasé un tiempo atrapada en la victimización, la culpa, el coraje, la envidia y el resentimiento, complaciendo a los demás y dejándome en último lugar.

Tuve que tocar fondo para que esto fuera diferente, gracias a Dios logré cruzar ese puente y salir de allí triunfante.

Me ha costado muchísimo trabajo personal, pero sé que tengo a Dios siempre conmigo y, por supuesto, a mí misma. De ahí saco las fuerzas para seguir avanzando, trabajando con esmero para ser mi mejor versión cada día: una mejor madre, amiga, hija, hermana y compañera de vida.

Un día, una persona a la que quiero muchísimo, me dijo: _ Araceli, tienes la jaula abierta y no te has salido de ella. Ya vuela y olvídate de todo tu pasado. Deja de estar lamiendo tus heridas, es lo que te encanta, y demuéstrate a ti misma que eres más que suficiente. No tienes que demostrar nada a nadie más que a ti.

Sus palabras resonaron en mí y me dije: Soy un ser humano maravilloso, lleno de luz, amor, paz y sabiduría.

Debo luchar por mis sueños; nunca es tarde para empezar, y cada día es una nueva oportunidad.

Hoy te recuerdo a ti que me lees, que no hay mejor día que el que estás viviendo, así que vive al máximo, sin importar lo que la gente diga o piense de ti.

Tú sabes quién eres y lo que quieres; eres la arquitecta o el arquitecto de tu propio destino. Es más fácil que al final de tu vida, digas "lo intenté" a que digas "no lo hice por miedo o por lo que dirán los demás".

Eres valiente y fuerte, así que sigue adelante con tus sueños. Como dicen en mi rancho, "a rajarse a su tierra". Así que aquí estoy, superando mis traumas y temores, escribiendo este libro, esta hermosa obra, para ti.

A veces, en el camino de la vida, nos olvidamos de nuestra grandeza interior, como me ocurrió a mí durante mucho tiempo. Desperdiciaba mi energía, atrapada en un ciclo de pensamientos repetitivos.

Te preguntarás ¿cómo salir de ahí? La respuesta está en aprender algo nuevo cada día, y ponerlo en práctica, pero, sobre todo, en conocerte más a ti mismo.

Puede sonar un poco egoísta, pero si no sabes quién eres, qué quieres y hacia dónde vas, es fácil que los demás decidan por ti.

Conocernos a nosotros mismos es uno de los mejores regalos que podemos darnos. Regálate la ilusión de redescubrirte, de soñar y de comenzar cada día con alegría y gratitud.

Recuerda que naciste llorando, pero diariamente puedes elegir ser feliz; eso depende de ti. Comienza cambiando tu forma de pensar, escribe tus pensamientos; particularmente, esto a mí me ha ayudado mucho, porque cuando tengo algún problema lo escribo y puedo ver todo desde un punto de vista diferente.

Viene a mi mente en este instante, la imagen de mis hijos, quienes, durante toda su infancia, se levantaban alegres, estirándose como gatitos.

Con el tiempo, a medida que vamos creciendo, nos olvidamos de esas pequeñas cosas que nos hacen felices, esos detalles que son de gran importancia; muchas veces los pasamos por alto al vivir a toda prisa, como si la vida fuera una competencia. Sin darnos cuenta, nos quedamos atrapados en la rutina diaria, perdiendo de vista lo más importante y dejando de lado lo que nos llena de felicidad y plenitud.

Hoy, quiero que te preguntes amigo lector:

¿Cómo empieza tu día?

¿Estás satisfecho con la vida que llevas?

Si es así, ¡Felicidades! Y si no, comienza ahora a hacer un cambio.

Para iniciar tu transformación, el primer paso es trabajar en tu mente; pregúntate ¿por qué se repiten ciertas situaciones en tu vida? Tienes que deshacerte de lo que ya no te sirve, tanto en tus pensamientos como en el entorno que te rodea, indiscutiblemente te sentirás mucho más equilibrado y ligero.

Cambia poco a poco, con paciencia. Todos sabemos, en cierta forma, lo que no nos hace bien pero también lo que nos daña; a veces, simplemente no queremos hacer el trabajo sucio.

Pregúntale a tu yo interior qué necesitas saber que aún no sabes. Permítete ver la grandeza que hay en ti; solo tú puedes hacerlo. Y si no sabes cómo, busca ayuda.

Te hago la comparación de lo que sucede cuando vamos al médico y no tomamos el medicamento; pensamos que solo con la consulta se resolverá nuestra enfermedad.

Lo mismo ocurre cuando pedimos ayuda, pero no seguimos las recomendaciones; ni tenemos verdadera intención de cambiar, por supuesto, los cambios no se verán.

Aunque ya somos adultos, nuestro niño interior puede rebelarse y hacer berrinches, resistiéndose a lo nuevo.

¿Cuántas veces nos ha pasado que decimos?: "Eso yo ya lo sé", soy la primera en levantar la mano, porque así actué en muchas ocasiones. Fue solo cuando me permití ser humilde, escuchar y tomar acción, que ocurrió la magia de la transformación en mí.

Abre tu corazón, ábrete a la vida y al amor en todos los sentidos, no solo al amor de pareja. Muchas veces, después de un trauma o una mala experiencia, cerramos nuestro corazón, como lo hice yo durante años. Por ignorancia, no me di cuenta de que yo misma era quien lo había cerrado. Ya no sentía esa chispa, esa alegría, ni las mariposas revoloteando en mi estómago.

Esto no se refiere únicamente a las relaciones de pareja, sino también a las actividades cotidianas: trabajar, viajar, emprender nuevos proyectos, cocinar, o incluso levantarse de la cama.

A veces, la falta de ganas de hacer algo nos aleja de nuestra familia, y en algunos casos, incluso nos lleva a enfermarnos.

Te preguntarás: ¿cómo puedo abrir mi corazón? Lo primero es reconocer que está cerrado; eso ya te da un punto de partida. Comienza a abrirte a la vida poco a poco, saliendo de tu zona de confort.

Atrévete a hacer cosas diferentes, visita lugares nuevos, conoce a personas distintas. Observa los mensajes que la vida te envía y ábrete al amor que te brindan tus familiares, amigos, pareja, hijos, o incluso tu perro o gato.

Permítete ser amado(a); siente cómo el agua acaricia tu piel mientras te bañas.

Abraza la salud que te pertenece por derecho divino, cúrate con amor y llena de cariño todo lo que haces.

Descubre la GRANDEZA que hay en tu corazón, tanto para dar como para recibir.

Cada pensamiento que tienes está creando tu vida y tu mañana. Observa tus pensamientos, ahora dirigidos hacia la grandeza de tu ser; crea milagros y mantente en paz contigo mismo.

Para lograr esto, es crucial que te conozcas muy bien.

Creo que una de las razones por las que venimos a esta vida, es para conocernos, ser alegres y vivir felices. No creo que Dios nos haya creado para ser infelices; eso depende más de nuestras propias decisiones y actitudes diarias, sólo que la mayor parte del tiempo no queremos reconocerlo y terminamos culpando a Dios.

Durante el día, regálate unos minutos en cualquier momento que tengas libre para practicar el silencio. Yo suelo hacerlo por la mañana o por la noche antes de dormir, pero cualquier hora del día es válida. Siéntate cómodamente en una silla o sofá, preferiblemente con los pies en el suelo, en contacto con la tierra.

Busca un lugar sin ruido, cierra los ojos y concéntrate en tu respiración, observando tus pensamientos sin juzgarlos; ten paciencia y amor hacia ti. Sin importar lo que pienses, trata de estar presente en el aquí y el ahora. Si te distraes, simplemente vuelve a concentrarte en tu respiración.

Aprende, disfruta y diviértete, sin olvidar al niño(a) interior que todos llevamos dentro. Asegúrate de incluirlo en tu vida diaria, descubriendo la grandeza que solo tú posees.

Recuerda mirarte, abrazarte, sonreírte y ser feliz, independientemente de las circunstancias que enfrentes hoy. Ten presente que todo lo que vives, también pasará.

Querido lector, me complace enormemente compartir contigo algunas actividades que podrían servirte de guía en tu camino hacia la grandeza.

Ejercicios para alcanzar tu grandeza

Establece metas claras:

Ejercicio: *Tómate un momento para escribir una lista detallada de tus metas a corto, mediano y largo plazo. Sé lo más claro y específico posible, asegúrate de que cada objetivo sea medible y alcanzable.*

Consejo: Revisa y ajusta tus metas con regularidad para asegurarte de que siguen alineadas con tus deseos y necesidades; lo que te beneficia hoy, podría no serlo mañana.

Desarrolla una rutina diaria:

Ejercicio: Elabora una lista de actividades diarias que te acerquen a tus metas, asegurándote de incluir momentos para trabajar, descansar y enriquecer tu vida en general.

Consejo: Mantener una rutina consistente es fundamental, ya que la repetición y la constancia son pilares esenciales para alcanzar el éxito que deseas.

Cultiva una mentalidad positiva:

Ejercicio: Dedica unos minutos cada día a practicar la gratitud. Anota tres cosas por las que te sientas agradecido, dejando que estas palabras resuenen en tu mente durante todo el día.

Consejo: Rodéate de personas que emanen energía positiva e intenta distanciarte de la negatividad; una mentalidad constructiva es fundamental para superar cualquier obstáculo que se presente en tu camino.

Aprende y crece continuamente:

Ejercicio: Haz un compromiso diario de al menos 30 minutos para leer o aprender algo nuevo que esté relacionado con tus intereses y metas, puede ser en cualquier horario.

Consejo: Participa en cursos, talleres o seminarios que te permitan desarrollar nuevas habilidades; no olvides poner en práctica lo aprendido.

Cuida tu salud física y mental:

Ejercicio: Incorpora ejercicios físicos regularmente en tu rutina diaria, ya sea caminando, corriendo o practicando el deporte que más disfrutes y te haga sentir en armonía.

Consejo: Practica técnicas de relajación y meditación para mantener tu mente despejada y enfocada en tus proyectos y metas.

Desarrolla habilidades sociales:

Ejercicio: Entrénate en la escucha activa durante tus conversaciones diarias, mejorando así tus habilidades de comunicación.

Consejo: Cultiva y nutre relaciones positivas tanto a nivel personal como profesional, prestando especial atención a la relación que mantienes contigo mismo.

Administra tu tiempo eficazmente:

Ejercicio: Utiliza herramientas de gestión del tiempo, como listas de tareas, calendarios y recordatorios para organizar tu día.

Consejo: Prioriza tus tareas diarias, enfocándote primero en aquello que es más urgente, debes establecer prioridades. Además, observa y fomenta tu creatividad.

Sé resiliente:

Ejercicio: Tómate un momento para reflexionar sobre los desafíos que has enfrentado y las formas en que has logrado superarlos. Anota las lecciones aprendidas y reconoce el valor de tu progreso, sin importar cuán grande o pequeño sea, cada paso es uno menos que te falta para llegar hasta donde quieres.

Consejo: Considera los fracasos como valiosas oportunidades de aprendizaje; cada dificultad trae consigo un regalo de crecimiento. No permitas que el desánimo te detenga fácilmente.

Practica la autodisciplina:

Ejercicio: Comprométete a realizar una pequeña tarea diaria que te acerque a tus metas, incluso en aquellos días en que la motivación parezca escasa. Recuerda que eres más que suficiente, haz las cosas, aunque no quieras.

Consejo: La autodisciplina se asemeja a un músculo; cuanto más la ejercites, más fuerte se volverá.

Busca mentores y modelos a seguir:

Ejercicio: Identifica a aquellas personas que admiras y aprende de sus experiencias y consejos.

Consejo: No dudes en buscar ayuda y orientación de quienes ya han alcanzado lo que deseas lograr; recuerda que invertir en ti mismo en dinero, tiempo y energía es el mejor regalo que puedes ofrecerte.

La práctica cotidiana de estos ejercicios te ayudará a seguir avanzando en tu proceso de transformación.

Recuerda que: "Cada pequeño paso que das hoy es un acto de valentía que te acerca a la grandeza que reside en tu interior".

¡No lo olvides!

CAPÍTULO V
MIRADAS HACIA DENTRO

Araceli Ramírez

"Cuando empecé a verme a mí, todo empezó a cambiar"

Te preguntarás por qué compartí mi historia de infancia. ¿A quién le interesa lo que viví? Quizás tengas razón al señalar que me hice la víctima durante algún tiempo, pero es fundamental que comprendas el proceso de transformación que atravesé para dejar de sentirme de ese modo.

Tal vez a ti te esté pasando lo mismo, y puedas ver, a través de mi libro, algunos de los errores que has estado cometiendo.

Este relato no es solo un eco del pasado; es un puente hacia la reflexión sobre cómo las experiencias nos moldean. De nosotros depende si el cambio lo hacemos para el lado positivo o negativo, luego de atravesar diferentes circunstancias y desafíos que nos pone la vida.

Por mucho tiempo, guardé mi infancia en un lugar oscuro de mi memoria, evitando el dolor que traía recordar lo que viví.

Cada vez que intentaba hablar de esas experiencias, las lágrimas salían sin control y las miradas de compasión sobre mí se sentían como un gran peso. Hasta mi familia, aunque con buenas intenciones, decía: "Pobrecita, sufriste mucho".

En ese momento, me detuve a reflexionar. Aunque esas palabras venían llenas de empatía, me hicieron recordar que el dolor no solo me afecta a mí, sino también a las personas que están a mi alrededor.

Cada historia de sufrimiento, por más personal que sea, puede resonar y conectar con otros. Es en ese punto donde encontramos una oportunidad para entendernos mejor y sanar, dejando de auto victimizarse uno mismo para poder avanzar.

Si los seres humanos supiéramos que, al hacer daño a alguien, en realidad estamos haciéndonos daño a nosotros mismos, quizás elegiríamos actuar de manera diferente.

La violencia, ya sea física o emocional, no es un acto aislado; se convierte en un ciclo que nos atrapa a todos, una cadena de sufrimiento compartido. A menudo, es un reflejo de nuestras propias batallas internas; al reconocerlo, podríamos descifrar el camino, no solo hacia el perdón sino también hacia la verdadera empatía.

Todos tenemos batallas que librar, es mejor sanar para no continuar descargando lo negativo que llevamos dentro, con otras personas que no lo merecen.

La infidelidad tocó mi puerta después de 14 años de matrimonio; creía que estaban llenos de felicidad y complicidad.

Al reflexionar sobre esto, me doy cuenta de que mientras yo tejía sueños y esperanzas, mi exesposo puede que hubiera estado navegando por mares de insatisfacción y soledad.

Este golpe no solo me despojó de una relación, sino que me llevó a confrontar verdades que preferiría haber mantenido a raya.

Ahí es donde el viaje se vuelve más profundo: en el dolor, en la desilusión, encontramos la capacidad de reconstruirnos, de reevaluar lo que realmente valoramos y de aprender que cada final puede ser un nuevo comienzo en nuestras vidas.

Existen muchas opiniones sobre la infidelidad, cada caso es único. Estoy escribiendo desde mi experiencia y desde el punto de vista que tenía en ese momento.

Si me preguntas ahora, mi visión sobre la infidelidad ha cambiado radicalmente.

Ya no soy la misma persona; he ido a terapias, he aprendido cosas nuevas, he cambiado mis amistades, aunque aún conservo algunas de las anteriores.

Me he convertido en una mujer independiente y con decisiones propias.

Desde mi actual punto de vista, muchas personas ven la infidelidad como un tema prohibido, algo incómodo del que no se debe discutir. Sin embargo, ha estado presente a lo largo de la historia.

Para algunos, ser infiel puede resultar emocionante, mientras se mantiene en secreto, pero muchas veces, esa emoción desaparece una vez que se revela la verdad.

La rutina, la indiferencia y la falta de comunicación pueden llevar a que uno de los miembros de la pareja o quizás ambos, terminen siendo infieles. Pienso que es mejor enfrentar la realidad, por dolorosa que sea, antes de llegar a este punto.

Cuando se produce una infidelidad, es frecuente que ambos opten por el silencio; a veces incluso las personas más cercanas desconocen la situación, aunque lo más común es que, personas ajenas estén al tanto de lo que sucede, mientras que aquellos que realmente deberían enterarse no lo saben.

Muchos piensan que nunca les sucederá, convencidos de que son lo suficientemente fuertes para mantener a su pareja. Otros, en cambio, expresan frases como: "No me van a ver la cara" o "Yo lo haré primero". En algún momento, yo también pude haber pensado o incluso dije, algo similar.

Con el auge de las redes sociales, la infidelidad se ha vuelto más accesible, pero también más fácil de descubrir. Hoy en día, parece que las tasas de infidelidad son casi iguales entre hombres y mujeres, convirtiéndose en una práctica común entre parejas en diversas partes del mundo.

Como le expliqué a mi exesposo, lo importante no era con quién había sido infiel, sino el acto en sí mismo. Esa acción representaba una falta de respeto hacia mí, pero en realidad también fue una falta de respeto hacia él mismo.

Evitar enfrentar los problemas en una relación resulta más fácil que salir de manera directa y sincera. Muchas veces, en lugar de afrontar la realidad, se opta por inventar excusas para eludir la situación.

La confianza, el respeto, la libertad de expresión, la fidelidad y la honestidad son valores fundamentales que deben estar presentes en toda relación.

Hablar con la verdad, aunque a veces sea dolorosa, es esencial. Jesús dijo: "La verdad os hará libres". Reconozco que no hablé de estos valores con mi exesposo desde el inicio, y ese fue quizás, uno de mis errores.

Una amiga me dijo: _ Con una lavada y listo, ¿para qué tanto drama? Admiro a las personas que eligen quedarse en una relación a pesar de la infidelidad de su pareja.

En algunos casos, esto fortalece aún más su vínculo. Parece que la infidelidad puede, de alguna manera, enriquecer la relación, aunque no todo el mundo logra convivir normalmente después de una experiencia como esta.

He visto parejas que se llenan de rencor y resentimiento tras una infidelidad; a pesar de esto, no se atreven a separarse, ya sea por el qué dirán, por los hijos o por la dependencia económica.

Existen muchas excusas y razones para no hacerlo, y lo sé porque también estuve allí.

No es fácil salir del pozo de la infidelidad, especialmente cuando todos te critican. En casos como estos, debemos aprender a sacudirnos la tierra, y seguir adelante, dejando atrás esos momentos difíciles.

Desde mi experiencia, cuando mi pareja, decidió ser infiel, se derrumbó el castillo de arena que yo misma había construido.

Recuerdo una ocasión en particular: esa tarde, fui a una fiesta con mis hijos, mientras mi esposo se quedó en casa, bebiendo con unos amigos, algo que ya se había vuelto habitual en los meses anteriores. Para mí, esa situación se estaba normalizando, aunque en el fondo sabía que no era lo correcto, nunca cuestioné su comportamiento.

Al regresar de la fiesta, alrededor de las 10:00 p.m. lo encontré acostado en nuestra cama, bien tomado, con los zapatos puestos y sin cobijarse. Al verlo, le quité los zapatos y proseguí a arroparlo. En ese momento, noté que su celular estaba abierto en la aplicación de mensajes.

Permíteme hacer un paréntesis, aunque sé que es emocionante, quiero aclarar que nunca revisé su celular. Siempre creí que, si necesitaba saber algo, me enteraría sin esfuerzo, por más ilógico que pueda parecer. Ahora que lo analizo, sucedió tal como decía.

No era mi costumbre andar revisando teléfonos ajenos, ni siquiera los de mis hijos. Solo lo moví porque estaba encendido en su pecho. Pensé apagarlo solamente, pero la curiosidad me invadió al ver que estaba en los mensajes. Quería aclarar las dudas que me atormentaban desde hacía meses; aunque no quería, debía enfrentar la realidad.

La sorpresa fue devastadora. No podía creer lo que mis ojos estaban viendo. Mis manos y mi cuerpo temblaban. En ese instante, deseaba correr, gritar e incluso lastimarlo.

Fue un momento de negación inexplicable que me acompañó toda la noche, sin poder dormir. Le pedía a Dios que me ayudara para no hacerle daño, ya que mi mente estaba llena de ideas oscuras y no sabía cómo reaccionar.

Estaba herida, sintiendo una mezcla de coraje, traición, tristeza, culpa, vergüenza, impotencia y desesperación.

También me sentía víctima, preguntándome ¿por qué a mí? Sin embargo, en esta ocasión, no reclamé a Dios, sabía que el traicionarme era una decisión personal que mi esposo había tomado.

Lo único que deseaba era desaparecer, que la tierra me tragara. Tenía claro que no quería seguir en esa relación.

Fue en ese momento que comenzó mi transformación, casi sin pensarlo, por el bien de mi familia y, sobre todo, por mis hijos.

Quiero compartir contigo, querido lector, algo que muchas personas me han preguntado directamente, entre ellos, familiares, amigos y personas ajenas a la situación: _ ¿Tal vez no lo querías lo suficiente como para perdonarlo? ¿O quizás ni lo amabas?

Agradezco a quienes me han hecho estas preguntas, porque, aunque no me han hecho dudar de la decisión que tomé hace años, sí me han llevado a reflexionar.

En ese tiempo, estaba más enamorada que nunca. Él se había comportado muy bien conmigo, aparentemente, aunque ya sabes, (generalmente la persona infiel se esmera en atenciones para que no duden de él o de ella).

A pesar de que sospechaba algo, me rehusaba a creerlo, ya que eso significaba un cambio radical en mi vida. Lo amaba profundamente, y por eso había decidido casarme con él, como ya te había comentado antes.

Definitivamente, así como se puede engañar a alguien que se ama, también se pueden separar.

Te preguntarás por qué digo esto querido lector, lo que quiero decir es que, a pesar de que yo lo amaba, no por eso tenía que seguir soportando infidelidades.

Pienso que, aunque ames a una persona, no tienes que quedarte en una relación donde se ha roto la confianza, si no se quiere trabajar de ambos lados para recuperarla.

El amor no se puede ver, solo se siente. Gracias a Dios y al trabajo personal que he realizado, logré transformar ese amor, pero esta vez, hacia mí misma.

Por supuesto, el sentimiento no desaparece de la noche a la mañana, coincido con quienes piensan que a veces sólo con amar ya no es suficiente. Se habían roto pilares fundamentales para mí: el respeto y la confianza, que son tan frágiles como una copa de vino tinto.

Reconozco que también cometí locuras, como echar toda su ropa y pertenencias a la basura, apenas un día después de que se revelara la infidelidad. Mi venganza fue verlo sacar su ropa, metiendo la cabeza en el bote de desperdicios, frente a sus amigos.

Era un martes, en una calurosa mañana de junio que nunca olvidaré; quienes lo miraban, estaban asombrados de que yo, que siempre había sido una esposa ejemplar, reservada y sumisa, hubiera hecho algo así.

En ese momento, creía que él era el único culpable, y me veía como la víctima. Nadie me hacía entrar en razón para que regresara con él; yo tenía la sartén por el mango, o al menos eso pensaba.

Recuerdo que un sacerdote me dijo que era soberbia. Aunque me enojé y le respondí que tal vez tenía razón, estaba decidida a no regresar con él. Me dijo que no sabía perdonar; siendo sincera conmigo, estaba en lo cierto, al menos no en ese momento. Me recordó que "debía perdonar 70 veces 7".

Pensé que solo Dios podría perdonarlo, porque yo no tenía la capacidad para hacerlo. Deseaba que le fuera mal en la vida, que de alguna manera pagara por el daño que me había hecho.

Esos eran mis deseos en medio de tanta decepción, coraje y rabia, que se reflejaban en mi mirada.

Él me dijo que ya no era la misma persona, y yo respondí que, por supuesto, no lo era y que nunca volvería a serlo después de lo que había sucedido.

Él, a su vez, me dijo que no regresaría, yo le respondí que la puerta estaba muy ancha, que se fuera y no regresara nunca…

Sin duda alguna, ahora sé que un suceso tan fuerte como un divorcio, puede cambiar la vida de una persona para siempre, como también ocurrió con la muerte de mi madre.

Ambos fueron los momentos que más me han impactado, dejaron en mí una profunda huella.

Ser fiel no debe ser una obligación, sino un placer

Los primeros quince días después de descubrir la infidelidad, fueron un verdadero desafío. Mis hijos y yo, no podíamos probar bocado durante las cenas.

Después de recogerlos de la escuela y regresar del trabajo, nos sentábamos a la mesa en un silencio abrumador.

Nadie tenía nada que decir, ni ganas de comer tampoco.

Esos fueron algunos de los días más difíciles de mi vida, y también para mis hijos.

Me preguntaba por qué dolía tanto. "Total, busca a otro y asunto arreglado", me decía a mí misma. Pero en el fondo sabía que esa no era la solución.

No se trataba de saltar de rama en rama como chango (tipo de mono, especialmente se le llama así en América Latina), porque yo también era parte del problema, aunque no quisiera admitirlo; lo cierto es que, en ese momento me hacía la víctima.

El dolor que sentía era incluso más intenso que cuando falleció mi madre. Tal vez porque, en el caso de mi mamá, sabía que estaba enferma y no la quería ver sufrir. Según mi creencia, era algo que Dios había decidido.

La infidelidad, en cambio, era una decisión personal muchas veces premeditada por quien la realiza, pero muy sorpresiva y dolorosa para quien la sufre.

Recuerdo perfectamente cómo me sentía después de enterarme de la infidelidad. Era como si el mundo se me viniera encima y no pudiera pensar en otra cosa que en hacerle pagar por lo que hizo.

La rabia me consumía y por un momento deseé venganza, creía que eso me ayudaría a sentirme mejor.

Pero después, algo cambió cuando él me dijo: _ ¿Por qué no me mataste? Hubiera sido mejor que lo hicieras; no tienes idea de lo que estoy sufriendo. Esa frase me impactó. Aunque estaba herida, su sufrimiento también me tocó.

En esos momentos, mi mente estaba llena de pensamientos oscuros, estaba desequilibrada, incluso llegué a considerar el suicidio, no solo el mío, sino también el de mis hijos. El miedo de que ellos se quedaran sin madre me detuvo.

Ahora sé que cuando uno se encuentra en esas vibraciones bajas, como la culpa y la vergüenza, se está muriendo en vida, y es en esos momentos cuando surgen pensamientos suicidas, porque todo ha perdido sentido.

Quería que él sintiera el dolor que yo estaba sintiendo.

Posteriormente me di cuenta de que aferrarme al deseo de vengarme solo iba a hacerme más daño. No se trata de retribuciones, sino de sanar. Tenía sentimientos encontrados, además del dolor que sentía por la traición, quería ser la heroína que lo salvaría de su propio dolor.

Con el tiempo entendí que no era mi responsabilidad. Todos vivimos nuestras propias batallas y cada uno tiene su proceso, yo también estaba viviendo el mío.

Si no hubiera sido por la infidelidad de mi expareja, no habría renacido como lo he hecho.

En aquel momento, todas las heridas de mi infancia, las que tenía bien guardadas y algunas ni sabía que existían, comenzaron a brotar sin compasión. El rechazo, el abandono, la injusticia, la humillación y la traición fueron las primeras emociones que experimenté, seguidas de la infidelidad.

Sentía esas cinco heridas recorriendo mi cuerpo, como un torbellino en mi mente, sin saber cómo dirigirlas y controlarlas, más que llorando, que era lo único que hacía en ese instante.

No sabía cómo enfrentar al enemigo que llevaba dentro. Fue mucho tiempo después, aproximadamente seis meses, cuando empecé a hacerme preguntas, cansada de llorar y de sentirme la víctima.

Intentaba que mi expareja cambiara su comportamiento para que volviéramos a vivir como antes, aunque al principio me negué a darle una oportunidad.

Luego, fui yo quien la pidió, cargando con toda la culpa. ¡Qué equivocada estaba! Ahora, al escribir este libro, me hace reír pensar en eso.

Recuerdo haberle dicho a uno de sus amigos, o tal vez no era un amigo, pero sí alguien que lo apreciaba: "Él se está haciendo daño", como si yo pudiera decidir lo que era bueno o malo para él.

En ese momento, quería rescatarlo, ahora sé que nadie puede hacer eso. Cada quien debe vivir su propio proceso, sea bueno o malo, y estoy bendecida de no haberlo "rescatado" porque hubiera interrumpido su camino.

He entendido que solo puedo decidir sobre mi vida, no sobre la de nadie más.

Agradezco infinitamente a mi padre, después de que le conté sobre la infidelidad, me dijo: _ No vayas a andar tomando, hija, porque si un hombre se ve mal tomando, una mujer se ve peor. El alcohol es un muy mal consejero, especialmente en estos momentos".

¡Cuánta sabiduría había en sus palabras!

Aunque nunca me ha gustado beber en exceso, agradezco su consejo, porque en momentos de vulnerabilidad, es fácil dejarse llevar por las invitaciones de amigos o conocidos.

No solo se trata del alcohol para olvidar lo que nos duele; también puede ser la comida, el sexo, las drogas o el cigarro, todo en un intento de llenar el vacío que se siente.

Gracias a Dios por siempre acompañarme y por los consejos que me dio mi padre.

Sin duda alguna, después de la infidelidad, me di cuenta de que estaba completamente perdida. Me sentía como un perrito sin dueño, no tenía una identidad propia, ni metas claras.

Aunque pasaba un momento terrible para mí, siempre tenía en mente a los hijos que Dios me ha prestado. Sabía que en algún momento de sus vidas ellos se alejarían de mí, ya fuera para estudiar lejos, casarse o independizarse, sin embargo, era consciente de que en esos momentos ellos me necesitaban, tanto como yo a ellos.

Recuerdo que siempre le decía: "A mi tú me puedes engañar, pero si yo me entero, todo habrá terminado". Quizás al decirlo, no comprendía el poder de mis palabras. Justamente así fue.

Quizás él pensaba que no lo decía en serio, o que era tan "buena persona" que nunca descubriría lo que hacía a escondidas.

Ahora entiendo que las palabras tienen un poder que a menudo subestimamos. Hablamos sin escuchar realmente lo que decimos y se puede hacer realidad.

Jesús dijo: "Lo que sale de la boca, del corazón sale; y esto es lo que contamina al hombre".

Después de la infidelidad, me dediqué a observar y descubrir qué significaba la felicidad para mí. Comprendí que cada persona define la felicidad según su propio criterio. Yo era feliz en mi matrimonio, pero eso no significaba que mi pareja lo fuera.

A pesar de mis esfuerzos por hacerle feliz, entendí que su felicidad no dependía de mí, sino de él. La verdadera felicidad no se encuentra en lo exterior, sino en lo interior de cada persona.

La felicidad no es algo que se obtiene fácilmente; es una sensación que no se puede ver ni comprar en ninguna tienda. Al igual que la definición de éxito, cada quien tiene su propia opinión sobre lo que significa ser feliz.

Quería perdonar a mi exesposo con todo mi corazón, pero no sabía cómo hacerlo. Pensaba que mi felicidad estaba solo a su lado.

Al principio, intentamos darnos una segunda oportunidad, pero todo fue en vano. Yo, como un cuchillo de palo, insistiendo en lo pasado y él seguía en lo mismo.

Así no funcionan las relaciones; el respeto y la confianza se habían perdido por ambos lados. Ese resentimiento me carcomía por dentro.

Lloraba y de rodillas le pedía a Dios que me ayudara a perdonarlo desde el corazón. Sabía que, a las tres de la tarde, cuando murió Jesús, era el mejor momento para pedir un milagro, así que lo hacía casi a diario durante seis meses, siempre de rodillas.

En ese tiempo, la respuesta que recibía era: "Tienes que volverte como un niño". Me resistía a entenderlo, intentaba decir entre dientes: "Te perdono, te perdono, te perdono", sin saber que el perdón, fundamentalmente, también era para mí.

Aceptar que yo era parte del problema fue un proceso difícil, ya que seguía en la posición de víctima y, lo peor, era que me lo creía.

Necesitaba con urgencia perdonarlo, pero fundamentalmente también debía perdonarme a mí y abandonar esa posición de mujer sufrida y traicionada que había mantenido hasta ese momento; tenía que hacerlo si quería volver a ser feliz en mi vida.

Siempre había estado ocupada por los demás, nunca por mí. Comencé a preguntarme: "¿Cómo llegué hasta aquí? ¿Qué he estado haciendo durante todo este tiempo para que esto sucediera? ¿En qué colaboré yo? ¿Por qué nos pasó esto?"

También me cuestionaba por qué me había pasado a mí, si yo era una buena persona, sin entender que esas fueron unas de las razones por las que todo había ocurrido.

Al principio me sentía muy enojada. La traición me llenaba de vergüenza y culpa; me daba tanta molestia salir a la calle y que alguien me preguntara por él, que deseaba que la tierra me tragara. Quería desaparecer y que todo hubiera sido solo un mal sueño.

En lugar de quedarme atrapada en ese ciclo de rencor, decidí centrarme en mí misma. Entender que su sufrimiento no tiene que definir mi camino es un acto de amor propio.

Al final, la verdadera fuerza está en decidir cómo quiero seguir adelante y no dejar que el pasado me controle. Al elegir el perdón y la paz, pude comenzar a curar mis propias heridas y construir una vida alegre, en lugar de quedarme estancada en el dolor.

Sufrir una ruptura amorosa te puede desestabilizar, si no tienes los pies bien plantados en la tierra. Así me sucedió a mí; era como si me hubieran quitado un pie o un brazo, quedando coja y sin saber qué hacer ni qué rumbo tomar.

Me sentía como un barco a la deriva en un mar inmenso. En ese estado, me dediqué a trabajar; era como una terapia para mí, aunque estaba llena de orgullo, coraje, rabia, y, sobre todo, de impotencia.

Seguía preguntándome: "¿Cómo me pasó esto a mí? ¿Por qué?". Aún continuaba en total victimización.

Es fácil entender que me iba a pasar: entregué todo sin dejar nada para mí. No sabía poner límites ni decir que no; siempre estaba disponible, incluso en lo sexual.

Me encargaba de nuestros hijos, ayudándoles con la tarea, llevándolos a la escuela y recogiendo sus cosas, porque creía que era responsabilidad de la mujer ocuparse de la educación y del hogar: hacer la comida, limpiar, lavar la ropa y, además trabajar.

Toda mi vida pasaba ante mis ojos mientras reflexionaba sobre lo sucedido.

Vino a mi mente otro tema complicado para mí en el matrimonio, era lo relacionado con el dinero, no me gustaba ni hablar sobre esto, porque siempre vi a mis padres pelear por cuestiones económicas, así que no quería discutir con él por ese tema.

Hacía todo sin que me lo pidiera, así lo había aprendido desde mi infancia.

Aprendí que ser una buena madre y esposa, significaba olvidarse de uno mismo y darlo todo a los demás.

Esperaba recibir la misma ayuda de regreso, como si mi exesposo supiera automáticamente lo que yo quería y necesitaba. ¿Quién me enseñó todo esto? Esa es una buena pregunta.

Durante mi infancia, solo vi a mi madre atender a mi padre y a mis hermanos, sin hacer nada por ella misma. No estoy diciendo que mi madre tuviera la culpa de lo que me sucedió; más bien, fue la forma en que lo interpreté siendo una niña.

Escuchaba que a mamá no le habían dejado herencia porque era mujer, y que las mujeres no eran valiosas, que debían ser mantenidas y que para eso se casaban. Además, no tenían voz ni voto; sólo estaban para obedecer, todo esto influyó indiscutiblemente en la forma en que me comportaba en mi matrimonio.

Recuerdo que cuando alguien estaba embarazada, mamá decía: _ Ojalá no sea una niña, porque las mujeres solo vienen a sufrir.

Te cuento amigo lector que a mamá le heredaron sólo un pequeño terreno, que vendió para curarse de un dolor de estómago, y lo hizo a escondidas de papá.

Como no se puede tapar el sol con un dedo, llegó el momento en que papá se enteró y se enojó muchísimo, estuvo resentido durante mucho tiempo porque mamá había vendido su terreno sin su consentimiento. El argumento era que ese terreno era un recuerdo para nosotros, sus hijos.

Sin duda, fui una de esas mujeres bien domesticadas para ser una buena esposa, como dirían en mi rancho en tiempos pasados. Solo faltó una cosa: enseñarme a convivir con la infidelidad.

Muchas preguntas llenaban mi mente y no encontraba todavía las respuestas: ¿Por qué a veces pensamos que huyendo de los problemas se van a solucionar? ¿Por qué lo prohibido es más atractivo? ¿Por qué no puedo vivir con una persona infiel? ¿Por qué quería que otra persona me fuera fiel a mí, si ni yo lo era conmigo misma?

No era su obligación ser fiel, aunque hubiera hecho una promesa ante Dios, quien ya conocía sus debilidades.

La infidelidad es un tema que tiene muchas opiniones y perspectivas, dependiendo del lado desde el que se mire. Seguramente está ocurriendo en este momento en algún lugar del mundo.

En mi caso, me hizo abrir los ojos ante una nueva realidad, lo que me ayudó a reencontrarme para que estuviera en el lugar que estoy hoy.

Aunque muchas personas aún me dicen que tengo mala suerte, para mí pasar esta vivencia, fue una nueva oportunidad, con la que pude ver a quién realmente tenía a mi lado.

Entendí también que todos podemos cometer errores en cualquier momento y que nunca se termina de conocer a una persona, incluso aunque duerma a tu lado cada noche.

Además, querido lector, he entendido que sin tristeza no hay alegría.

No podía imaginar que vivir la infidelidad de mi exesposo me traería regalos que sigo descubriendo después de muchos años, por eso he querido compartir mis experiencias.

Llorar y sentir dolor limpian el alma

Ahora que mis hijos ya están en la universidad, he encontrado tiempo para escribir. Reflexionando sobre lo vivido, me doy cuenta de que es difícil, pero no imposible, cambiar creencias arraigadas y rectificar los errores cometidos.

Pude haber escrito antes mi historia, pero siempre encontraba pretextos, como la culpa de descuidar a mis hijos o de robarles tiempo al dedicarme a escribir. Esa era otra de las creencias que me limitaba.

Todo este proceso me ha permitido conocer más a las demás personas y fundamentalmente conocerme a mí misma, por eso quiero compartir contigo lo que he aprendido en este camino.

Aprendizajes de la vida:

- *A ser mi prioridad.*
- *A ser mi mejor amiga.*
- *A reconocer mis errores y enmendarlos.*
- *A aceptarme tal como soy, con defectos y virtudes.*
- *Invertir en mí, es la mejor inversión.*
- *Soy irremplazable para aquellos que me aman.*
- *A amarme en la soledad.*
- *Que los actos hablan más que las palabras.*
- *Que decir "no" también está bien.*
- *A soltar las máscaras que yo misma me imponía.*
- *A observar mis pensamientos.*
- *Que todo tiene un proceso y que es esencial respetarlo.*
- *A establecer límites claros.*
- *A liberar lo que no me sirve o que no voy a usar.*
- *A respetar mis decisiones.*
- *A crear mi propia alegría.*
- *A mantener un carácter fuerte en momentos difíciles.*
- *A comenzar de nuevo tantas veces como sea necesario.*
- *Que estoy en un constante cambio.*
- *A despertar alegre cada mañana.*
- *Que solo yo tengo el poder sobre mí.*
- *A vivir en paz conmigo misma.*
- *Que un acto de amor, también implica dejar libre.*

- *Que perder, a veces significa ganar.*
- *A encontrarme y disfrutar de la vida.*
- *Que la vida es un juego y hay que saber cómo jugarlo.*
- *Que pueden quitarme todo, menos mi esencia.*
- *A dejar atrás mis excusas.*
- *Que es más difícil detener que soltar.*
- *A despedirme de la antigua versión de mí y abrazar la nueva.*
- *Que la paz es más importante que el amor.*
- *Que quien no respeta, no se respeta a sí mismo.*
- *Que realmente soy lo que hago cuando estoy sola.*
- *Que el rico no siempre es malo y el pobre no siempre es bueno.*
- *Que debo hablarme con cariño, pero siempre con sinceridad.*
- *A ser compasiva conmigo misma.*
- *Que cada día se aprende algo nuevo*

En resumen, he aprendido a hacerme responsable de mi vida y a entender que solo puedo controlar lo que sucede dentro de mí.

Mis emociones intentan llevarme por caminos inciertos en ocasiones, pero sé que puedo dominarlas mucho mejor que antes.

Me liberé de todo lo negativo, que ni siquiera sabía que cargaba conmigo.

Todos cometemos errores en esta vida, y yo no soy la excepción. Más que nada, fui parte del problema, y me di cuenta de que él no me estaba siendo infiel; yo me estaba siendo infiel a mí misma, al no seguir mis sueños y dedicar tiempo a los demás en lugar de a mí.

Ahora sé que, YO SOY RESPONSABLE DE MI VIDA. Soy la capitana de mi barco, y yo decido hacia dónde quiero navegar.

Si deseo obtener resultados diferentes, debo hacer las cosas de manera distinta.

Cuántas veces dije "sí" cuando realmente quería decir "no", aceptando invitaciones a fiestas, al trabajo, o a cualquier otro lugar solo por compromiso y por temor al qué dirán si no aparezco.

Hoy, me importa poco lo que piensen los demás. Si no tengo ganas de salir o no me siento cómoda en un ambiente, simplemente no voy. Ya no me defraudo a mí misma.

Dios nos dice: "Ama a tu prójimo como a ti mismo", pero nunca dice "ama a tu prójimo más que a ti".

Lo que te choca, te checa

Te preguntarás, querido lector, qué significa esta reflexión. Lo que en verdad deseo transmitir es que las reacciones que provocan en nosotros los demás, son en su esencia, un llamado a la autoexploración.

Cada vez que algo nos irrita o nos alarma en el comportamiento ajeno, nos enfrentamos a una oportunidad de explorar dentro de nosotros mismos.

Aquello que criticamos, menospreciamos o incluso admiramos en otros, no es más que un reflejo de nuestras propias inseguridades, miedos e instintos reprimidos.

Este fenómeno nos invita a abrazar la incomodidad y a no temer el autoanálisis; más bien, nos desafía a desnudarnos ante nuestras propias emociones. Así, el camino hacia la aceptación de las propias imperfecciones y la comprensión de nuestro ser, se ilumina gracias a estas interacciones, sobre todo en la relación de parejas.

A través de la conexión con los otros, se nos brinda la posibilidad de descubrir las capas oscuras que habitualmente evitamos confrontar.

Por tanto, cada encuentro se convierte en una oportunidad de crecimiento personal, una invitación a mirar hacia adentro y a desplegar la autenticidad que tanto deseamos.

En mi caso, al contemplar la infidelidad de mi esposo, me vi empujada a una profunda y dolorosa autoevaluación. En aquel momento de desilusión, tuve que enfrentar verdades que había mantenido ocultas, no solo sobre nuestra relación, sino sobre mí misma.

La traición, sin duda, reabrió una herida que estaba desde antes, pero también me motivó a hacerme preguntas que pedían ser respondidas. ¿Qué había en mí que permitía que esto hubiera sucedido? ¿Qué partes de mi identidad había descuidado en el camino, por dedicarme más al matrimonio?

La infidelidad fue para mí, un espejo brutal. Reflejaba no solo la falta de fidelidad de mi exesposo, además, en un sentido más profundo, me enfrentó directamente con mis temores a la pérdida y también a mis vacíos emocionales.

En esa lucha interna, me di cuenta de que la reacción que estaba teniendo ante la traición era una invitación a explorar mis propias vulnerabilidades.

¿Qué expectativas había puesto sobre mi matrimonio y sobre mí misma?

¿Estaba buscando en mi pareja algo que no había cultivado dentro de mí?

A medida que el dolor se fue transformando en reflexión, comprendí que esta experiencia, por dolorosa que fuera, me ofrecía la oportunidad de crecer.

Me llevó a investigar mis propias necesidades, a sanar heridas que había estado ignorando por miedo y a reconfigurar mis prioridades.

La infidelidad, aunque devastadora, se convirtió en un catalizador de autoconocimiento. A través de esta cruda y auténtica mirada hacia mi interior, encontré el camino hacia la resiliencia y la autocompasión, elementos esenciales para reconstruir no solo mi vida, sino también la relación que deseaba tener conmigo misma.

Así, lo que parecía ser una traición se transformó en un punto de inflexión hacia una mayor claridad y autenticidad en mi ser.

Es fundamental aceptar lo que ya ha pasado. Entiendo que puede ser difícil creer que una pareja haya cometido el error de ser infiel, como fue mi caso, pero es un paso necesario si deseas avanzar.

Es probable que el error se repita, ya que somos humanos y todos cometemos fallos. Si no hubo consecuencias la primera vez, resulta fácil caer en la misma falta nuevamente.

Aunque confiar en la otra persona es esencial, lo más importante es confiar en uno mismo. No hay nada más agotador que andar persiguiendo a tu pareja, y es crucial mantener la confianza entre ambos, si esto falta en la relación, nada puede funcionar.

Es cierto que es complicado volver a confiar en alguien que ha mentido. Sin embargo, creo firmemente que se puede recuperar la confianza y el respeto después de una infidelidad, siempre y cuando ambos quieran continuar y reconstruir ese amor.

Esto es posible, buscando ayuda profesional, ya sea a través de terapia de pareja o de manera individual, porque lo que sucedió no fue en vano; hay lecciones que aprender.

Desde mi perspectiva, me parece cobarde actuar con infidelidad sin atreverme a enfrentar los problemas en la relación.

Es natural que exista miedo sobre lo que podría suceder, especialmente si la relación no está funcionando del todo bien. Se deben hacer ajustes, es vital que ambos compartan los mismos valores y principios.

He observado que, en mi experiencia y en la de muchas mujeres, tendemos a hacer mucho drama por estas situaciones.

Por otro lado, muchos hombres prefieren quedarse en silencio, aunque también hay mujeres que se mantienen calladas, sufriendo. Sin embargo, dado que las mujeres somos más emocionales, frecuentemente compartimos lo sucedido con amigas o personas cercanas.

Algunas parejas deciden simplemente seguir adelante como si nada hubiera pasado, viviendo con una infidelidad en su historia.

Después de una infidelidad, pueden surgir murmullos de familiares y amigos, pero si realmente deciden seguir juntos, deben hacer caso omiso de eso; esa es una decisión que solo le corresponde a la pareja no a nadie más. Todos merecemos una segunda oportunidad ¿No crees?

Lo fundamental es que puedan discutir todos los puntos que necesiten para favorecer la pareja, dejando bien claro lo que esperan el uno del otro, hacia dónde desean dirigir nuevamente la relación.

Es como comenzar de nuevo, casi como iniciar un segundo matrimonio, lo cual es muy válido y respetable.

Esto implica revisar si ambos comparten los mismos valores, si todavía se aman y admiran, y si están dispuestos a reconstruir la confianza y enfrentar los reproches que puedan surgir ocasionalmente.

Es vital recordar que, aunque se haya cometido una infidelidad, los reproches no deben ser un peso constante que se lanza a la cara del otro, ambos deben asumir la responsabilidad de lo sucedido y aprender de los errores para no cometerlos más.

Después de mis experiencias de vida, he aprendido a aceptar a las personas tal como son. Este cambio de perspectiva me ha ayudado a ser menos crítica y a abstenerme de juzgar.

Aceptar lo que ha sucedido y vivir en el presente, es esencial. Soy consciente de mi mortalidad, recordar que todo se quedará en este plano terrenal, es un valioso pensamiento que me ayuda a valorar lo que realmente importa.

Reflexión

Padre celestial, yo pienso, hago mi voluntad y me pongo en acción. Más te pido que seas Tú, quien guíe siempre mi pensamiento, mi voluntad y mi acción hacia la meta correcta. - Paramahansa Yogananda.

Durante mucho tiempo, me tragaba el veneno del resentimiento, fue mi compañero por un largo periodo, esperaba que la otra persona sufriera las consecuencias de sus acciones, luego comprendí que era un error actuar de esa forma.

A lo largo de mi vida, he observado a muchas personas atrapadas en este destructivo sentimiento; yo era una de ellas.

Recordaba el pasado como si estuviera ocurriendo de nuevo, tal como dicen en mi rancho: "recordar es volver a vivirlo".

He notado que, especialmente entre las personas mayores, se tiende a revivir momentos desagradables una y otra vez. Se aferran a lo que alguien les dijo o hizo, a tal punto que, aunque la persona que causó el daño ya no esté en este mundo, el resentimiento persiste en sus corazones, en algún lugar de sus cuerpos, incluso contribuyendo a sus enfermedades físicas, ya que el cerebro no distingue entre lo real y lo imaginario.

No estoy sugiriendo que olvides tu pasado o las personas que te han hecho daño, ya que al olvidarlo podrías repetir la misma historia.

Lo que propongo es que, al recordar, no sientas ese resentimiento, pues es una energía muy baja que se arraiga en tu corazón.

Si le sigues prestando atención, sin darte cuenta, le das rienda suelta a esa emoción negativa, que puede crecer como bola de nieve, convirtiéndose en ira, rabia e incluso odio hacia el otro.

Lo más alarmante es que esta carga emocional se transforma en una enfermedad dentro de ti.

Entiendo que, es difícil aceptar que alguien a quien amas o en quien confiabas, te haya traicionado, o se haya comportado de manera inadecuada. Es probable que todavía sientas resentimiento hacia esa persona, ya sea tu pareja, hijo, padre, madre, hermano, amigo o jefe.

Sin lugar a dudas, el resentimiento es uno de los mayores obstáculos para tu crecimiento personal. Es como una soga que te arrastra hacia atrás, impidiéndote avanzar, te mantiene preso de un pasado que revives una y otra vez, y no te deja que alcances tu verdadera grandeza.

Es una enfermedad silenciosa que, a través de la autoobservación, puedes reconocer en ti como coraje, ira, negatividad y falta de ánimo para llevar a cabo las tareas cotidianas.

A veces, no sabes de dónde proviene toda esa energía negativa. El resentimiento no se cura por sí solo; no importa el tiempo que lleves cargando con esto, debes decidir deshacerte de él, sacarlo de tu vida para siempre, y cuanto más rápido lo hagas, mejor será para ti.

Ese es el consejo que te doy amigo lector, comienza a hacerlo ya, no esperes más.

El resentimiento te ata a la persona que te causó daño, llevándote a vivir en el pasado. Sin darte cuenta, cedes tu poder a esa persona. Pregúntate: ¿es sano vivir con resentimiento, ira y rencor dirigido hacia personas que, quizás ni se acuerden de ti? Te invito a que reflexiones al respecto.

Por más grande que haya sido el daño, tú mereces ser libre de cualquier resentimiento.

En muchas familias, estos rencores persisten a lo largo del tiempo, e incluso se heredan a las nuevas generaciones. No solo heredamos rasgos físicos, riqueza o pobreza; también lo hacemos con los resentimientos.

Por ello, es vital cortarlos desde la raíz, solo así lograrás moverte más ligero a lo largo de esta maravillosa vida.

Te recomiendo que tengas un diario junto a tu cama y escribas cada noche, perdonando a quienes te han hecho daño.

Escribe tus pensamientos y libera tu mente de lo negativo. Perdona, incluso si la persona no merece tu perdón; este acto es sanador, no para los demás sino para ti. Poco a poco, te irás liberando de la carga emocional que conlleva.

Muchas veces, a quien realmente necesitamos perdonar es a nosotros mismos.

El resentimiento es una forma de culpar al otro por lo que te sucede, impidiendo que asumas la responsabilidad de tu vida. La envidia, en ocasiones, también se disfraza de resentimiento.

Después de tres años, tras descubrir la infidelidad de mi exesposo, me encontré enferma, con un dolor intenso en la espalda baja, que me impedía caminar. Pase unos días arrastrándome solo para ir al baño o comer, sin un motivo aparente para este sufrimiento.

Inicié una introspección profunda y descubrí que aún sentía mucho coraje y rabia hacia mi exesposo y también hacia mí misma, por la vida que había sido injusta conmigo.

En ese momento, me di cuenta de que estaba repleta de bajas energías, alimentadas por los pensamientos negativos que había mantenido en esos años.

Además, el día en que sentí la envidia, esa emoción que me carcomía por dentro, me di cuenta de que estaba estancada en la vida, llena de miedo y vibraciones negativas.

Entendí que debía cambiar, no había otra opción. Debía hacerlo o quedarme atrapada en lo mismo, de no hacerlo terminaría más enferma. Así fue como comencé a trabajar en mí, poco a poco.

Algo que no se dobla, está disponible para romperse. Ahora entiendo a las palmeras debido a sus fuertes raíces, hojas y flexibilidad son capaces de sobrevivir a fuertes huracanes; es decir son capaces de doblarse sin romperse y seguir con vida, además de regresar a su forma natural pasada la tormenta.

Eso debemos hacer nosotros, tenemos que aprender de las palmeras: cargar con sentimientos negativos nos vuelve inflexibles y terminamos rompiéndonos de alguna manera.

Seguí mirando en mi interior; cuando finalmente reconocí y acepté que sentía envidia, esta comenzó a desvanecerse.

Antes, no había entendido lo que realmente estaba experimentando; simplemente no sabía que esta emoción existía en mí. Recuerdo la reacción de un compañero a quien le compartí este descubrimiento; su expresión cambió instantáneamente, retrocediendo dos pasos, como si me considerara una mala persona.

Vivía sumergida en vibraciones negativas y quejas, constantemente juzgando a los demás, sin darme cuenta de que, en realidad, me estaba juzgando a mí misma.

Era una persona impaciente, llena de estrés y frustración, atrapada en recuerdos de un pasado que me atormentaba, lamentando lo que pudo ser y no fue: por qué no hice esto o aquello, o por qué reaccioné de tal manera.

Decidí que no quería seguir viviendo en la amargura del resentimiento, la envidia, la auto-desconfianza y la tristeza arraigada en falsas creencias.

Fue entonces cuando pude abrirme a nuevas posibilidades. Sin embargo, este cambio no ocurrió hasta que tomé la decisión de transformar mis pensamientos y, por consecuencia, también cambié mi vida.

Al ver cómo muchas personas evitan hablar de la envidia, me di cuenta de que no es común que los demás acepten sentirla, o que la han experimentado en algún momento de sus vidas.

¿Alguna vez has escuchado a alguien decir que siente "envidia", pero de la buena? La realidad es que la envidia es solo envidia, sea cual sea la forma que tome.

Según Florence Scovel Shinn, una afirmación que contrarresta la envidia es: "Aquello que Dios ha hecho por otros, también puede hacerlo por mí".

Cuando estás sumido en el infierno, es difícil imaginar cómo es estar en el cielo, ya que te has acostumbrado a la tormenta diaria de tu vida. Y, a la inversa, cuando disfrutas de momentos de alegría, puede parecer imposible concebir lo que es el sufrimiento.

"Las emociones son el lenguaje del cuerpo; los pensamientos son el lenguaje del cerebro" - Joe Dispenza

Esta frase nos demuestra cómo las emociones negativas se manifiestan en el cuerpo, antes que nada.

Los recuerdos de situaciones pasadas negativas, regresan a tu mente una y otra vez, a menudo te resulta difícil liberarte de ellas. Este ciclo de pensamientos que no cesan, hace que tu vida se convierta en un verdadero infierno en todos los aspectos, de ahí la importancia de liberarte de todas ellas.

Jesús decía: "Padre, perdónalos porque no saben lo que hacen"

Este pensamiento me lleva a reflexionar sobre cómo, muchas veces, actuamos o hablamos sin ser conscientes de que estamos hiriendo a alguien, tocando heridas que aún están abiertas.

Esto pasa porque nosotros tampoco hemos sabido sanar viejas heridas, y las alimentamos con todas estas emociones negativas que no logramos gestionar adecuadamente.

Si estas heridas estuvieran cerradas, podrías simplemente escuchar, observar y dejar ir, sin juzgarte ni acumular resentimientos en tu corazón y mente.

Comprenderías que, lo que esa persona dice o hace está relacionado únicamente con su perspectiva y sus pensamientos, no tiene que ver contigo. Así, dejarías de engancharte y de tomarte las cosas de manera personal.

"Entrego esta carga de resentimiento a Cristo, que vive en mí y avanzo llena de amor, plenitud y felicidad" - Florence Scovel Shinn

Disfruta

Abraza la vida y dale sentido a cada día. La mejor medicina se encuentra en la naturaleza. Date tiempo para contemplar las cosas simples que te rodean.

Prepara una buena comida con amor para ti y para quienes amas, cocinando como si cada día Dios viniera a cenar a tu hogar, incluso aunque estés solo(a).

Recuerda que eres tú prioridad y que Dios está contigo en todo momento. Sal a un buen restaurante y disfruta de los placeres que la vida tiene para ofrecerte.

Descálzate y camina sobre la tierra o en la playa, saborea el presente, que son las veinticuatro horas que hoy estás viviendo.

Aprende a valorar los 1,440 minutos o 86,400 segundos que Dios te regala diariamente.

A menudo damos por sentado el tiempo, creyendo que tenemos mucho, sin percatarnos que se nos escapa como agua entre los dedos.

Disfruta de un paseo en la naturaleza, escucha el canto de los pájaros y observa cómo corre el agua de un río, que sigue su curso sin detenerse por nada.

Celebra tanto los amaneceres como los atardeceres. Valora el simple acto de respirar, sintiendo cómo el aire entra y sale, dándole vida a tu ser.

Disfruta de una fogata en las noches frías, ya sea en compañía de una persona amada, de tu familia, o simplemente disfrutando de tu propia compañía.

Saborea un vaso de agua cuando tienes sed, siente cómo ese líquido fresco penetra cada rincón de tu cuerpo, refrescando incluso tu alma en un día caluroso.

Aprecia un día lluvioso, observa cómo la lluvia cae mientras vives intensamente el presente, al igual que lo haces en los días soleados o con vientos.

Regocíjate en las cosas simples de la vida: el sol, el fuego, el aire, el viento, el agua.

Disfruta cada estación del año. En primavera, celebra la llegada de lo nuevo; contempla cómo el campo y los jardines se llenan de flores y cómo todo comienza a reverdecer y cobrar vida nuevamente.

En verano, siente el calor del sol acariciando tu piel mientras caminas por la naturaleza, ya sea en medio de un bosque, o disfrutando de un atardecer en la playa con amigos y seres queridos.

No te olvides de deleitarte al acampar al aire libre, sintiendo la conexión con la tierra.

En otoño, observa cómo las hojas de los árboles caen, transformándose en bellos matices de amarillo, rojo y naranja, mientras todo se prepara para el invierno, un tiempo en el que muchos árboles duermen bajo el frío, el hielo y la nieve, esperando el momento de renacer.

Recuerda que todo lleva su tiempo y que no hay necesidad de apresurarse; simplemente déjate ser, permitiendo que cada ciclo de vida se despliegue en su debido momento.

Aprecia el arte de hablarte de manera amable, como lo harías con tu mejor amigo. Trátate como si fueras la persona más importante en tu vida, cultiva la compasión hacia ti mismo para poder serlo con los demás.

Aprende a amarte como si cada día fuera un regalo. Regálate momentos al pasar frente a un espejo, mándale besos a tu reflejo y sonríe al despertar cada mañana, disfrutando de la simple expresión de respirar.

Deléitate con un buen vino y una cena en tu restaurante favorito, pero no subestimes la alegría de disfrutar de una comida preparada con cariño por quienes te aman, así como la sencillez de un plato en un puesto de la esquina.

Celebra la conexión íntima y significativa con la persona que amas, compartiendo momentos de pasión y ternura.

Agradece a la vida por todas las bellezas que te ofrece y dedícate tiempo para cultivar aquellas actividades que te hacen feliz, integrándolas a tu rutina diaria dentro de lo posible.

Disfruta de ser madre o padre, hija o hijo, pareja, amiga o amigo, abuelo o abuela, tío o tía, cuñado o cuñada. Disfruta de estar vivo, no importa si estás solo o acompañado.

Observa con alegría a los niños jugando y sonriendo en el parque o en cualquier lugar.

Valora y aprecia cada etapa de tu vida, como niño, joven, adulto o anciano; vive cada momento con gozo, plenitud y sin reservas.

Disfruta de sumergirte en los libros que te apasionan y del placer de regresar a casa después del trabajo o de un paseo, ya sea por un lugar cercano o por uno lejano y desconocido.

Busca y abraza los placeres de la vida que no te hagan daño.

Igualmente, es fundamental comprender que, si no nos queremos a nosotros mismos, si no nos aceptamos tal como somos, si no nos tratamos con amor, respeto, compasión y amabilidad, es probable que no sepamos cómo hacerlo con los demás.

En muchos casos, hemos aprendido a aceptar los malos tratos, tanto de los demás como de nosotros mismos, normalizando situaciones que en realidad no deberían serlo.

Lo que antes fue doloroso puede convertirse en algo familiar y, sin darnos cuenta, acaba incorporándose a la vida cotidiana, especialmente si proviene de experiencias pasadas en nuestra infancia.

Recuerdo un cuento, y aunque no estoy del todo segura de dónde lo escuché, el mensaje que transmite siempre me ha resonado.

Se trata de unas niñas huérfanas que vivían en condiciones muy precarias en un orfanato. Ganaron un premio que les permitió pasar la Navidad con unas monjas en un convento.

Una de las monjas ordenó que todo se diera nuevo y de buena calidad, además de que las trataran como princesas. Precisamente dijo esto, para que aprendieran que hay cosas buenas, y que también merecían ser tratadas con el respeto y el cariño como si fueran princesas.

Así, podrían reconocer la importancia del buen trato y de una vida digna.

Este cuento me encantó; aunque es breve, alberga un valioso mensaje: ¿Cómo podemos reconocer lo bueno si nunca hemos sabido que existe? por eso debemos disfrutar en cada instante, todo lo bueno que la vida nos presenta.

Agradece como si ya tuvieras lo que has pedido

Sin duda alguna, agradecer tanto lo bueno como lo malo, abre puertas hacia una vida abundante, plena y feliz, ayudándote a alcanzar la grandeza que yace dentro de ti.

A veces, mientras conduzco o camino, contemplo la maravillosa naturaleza que me rodea, brotan lágrimas en mis ojos y siento una enorme gratitud en mi corazón por las maravillas de Dios, el creador de todo. En esos momentos, me descubro profundamente agradecida y bendecida.

Llevar un diario de gratitud es fundamental. En él podrás escribir las cosas, sucesos y experiencias por las que sientes agradecimiento.

Este reconocimiento puede abarcar desde lo más pequeño hasta lo más grande: el amanecer, el agua, la tierra, la noche, las estrellas, el simple hecho de respirar, mirar, caminar y correr.

Agradece por ser tú, por estar saludable, por tener comida, una casa o simplemente un refugio seco cuando llueve.

También puedes agradecer por los lujos, como la compra de un carro nuevo, un viaje a Francia o bien, a una isla del Caribe, disfrutar de una cena en un restaurante de alta calidad, o comprarte artículos de marca.

Recuerda que "el que todo agradece, todo merece". Este agradecimiento no se limita a las grandes cosas; es igual de poderoso cuando agradeces, por ejemplo, un vaso de agua: Agradécele mentalmente mientras lo bebes y siente cómo esa agua recorre todo tu cuerpo, llenándolo de vitalidad.

Aunque a simple vista parece un ejercicio sin importancia, si lo haces cada vez que te hidratas, sintiendo esa genuina gratitud en todo tu cuerpo, sentirás un gran cambio en tu vida.

Cuando agradecemos, debemos expresarlo, ya sea a los demás o a nosotros mismos, pero siempre desde el corazón.

Graba y guarda esa sensación de gratitud en tu cuerpo y mente. Piensa en un momento específico en el que te sentiste realmente agradecido. Haz una pausa, cierra los ojos y recuerda esa experiencia. Tómate tu tiempo para sentir esa sensación en este momento.

Conserva esa imagen en tu mente para que puedas evocarla cuando desees expresar tu gratitud.

Puedes hacerlo en cualquier momento, sin necesidad de cerrar los ojos. Simplemente siente esa emoción y repite mentalmente o en voz alta: "GRACIAS, GRACIAS, GRACIAS".

He integrado este proceso en mi vida de forma natural y sé que tú también puedes hacerlo. No pierdes nada al intentarlo, es mucho lo que puedes ganar al hacerlo.

A medida que practiques la gratitud, comenzarás a encontrar más razones para agradecer cada día.

Es simplemente maravilloso, como han señalado muchos escritores que hablan sobre la gratitud: "la gratitud abre puertas". Es fundamental agradecer como si ya hubieras recibido lo que pediste.

Agradece cada cosa que tienes. Verás cómo el universo te sigue dando motivos para agradecer.

Cambia la queja y la crítica por la gratitud; al hacerlo con frecuencia, la vida, seguro te sorprenderá.

Libérate de la culpa si quieres alcanzar tu grandeza

La culpa es una emoción compleja, casi como un juez interno, una carga emocional. Es un mal que cargué en algún momento de mi vida, incluso, tal vez desde mi infancia, adolescencia, juventud o adultez.

Reflexionando sobre esto me pregunté: ¿Para qué me sirvió sentirme culpable por lo que hice o dejé de hacer? ¿Resolví algo al estar auto criticándome, flagelándome?

No, no me sirvió de nada, solo perdí tiempo enfocándome en el pasado y sintiendo culpa por acciones que no tomé o palabras que no dije en el momento adecuado.

La culpa corroe por dentro, muchas veces sin que nos demos cuenta del impacto que tiene.

Una persona que siente culpa es, a menudo, manipulable por su entorno. Sin embargo, la culpa también puede tener un lado positivo, ya que puede llevar a la reflexión. Pero cuidado, no te estanques ahí. Reflexiona, aprende y avanza.

Si te quedas atrapado en el pasado, no podrás avanzar; es como un freno que sostiene lo que cargas.

En muchos momentos, la culpa me impidió disfrutar de lo especial y de las cosas sencillas, como una buena comida cuando mis hijos no estaban conmigo, o no querer comprarme algo necesario, porque sentía culpa al gastar el dinero que había generado.

Además, reconozco que probablemente también hice sentir culpables a otros, de lo cual ahora soy consciente. Cometí muchos errores en mi vida y seguiré cometiéndolos, ya que somos humanos, pero esta maravillosa vida está llena de oportunidades para rectificar y crecer.

Lo importante es cuestionarnos cómo podemos corregir esos errores y actuar en consecuencia, enmendando y esforzándonos por no volver a cometerlos.

Reflexiones sobre la culpa y la responsabilidad

Recuerdo un momento, hace poco más de un año, en el que vi en mi pueblo la representación de la Semana Santa, donde Judas Iscariote vendió a Jesús por unas monedas.

En ese instante, comprendí que la verdadera carga para Judas, era la culpa que lo atormentaba tras traicionar a su maestro, lo que finalmente lo llevó a quitarse la vida. Me quedé pensando: ¿qué habría pasado si Judas no se hubiera arrepentido ni hubiera sentido culpa?

No creo conocer a nadie que no haya sentido culpa en algún momento de su vida.

Pienso que nadie está exento de experimentar esa emoción, o al menos espero que así sea, porque de lo contrario, estaríamos hablando también de personas que parecen inmunes a este sentimiento, y por tanto lo estarían del arrepentimiento; eso puede ser muy negativo y perjudicial.

Prefiero hablar entonces, desde mi propia experiencia.

Es fundamental que examines tus acciones; si realmente tuviste la culpa, permite que te lleve a un proceso de perdón. Pide perdón a los demás y, sobre todo, perdónate a ti mismo por lo que ocurrió.

Transforma esa culpa en acción, haciendo lo que debiste haber hecho en su momento; ahora tienes la oportunidad de hacerlo.

Haz consciente esa emoción en tu vida, pero no la intensifiques; recuerda que la culpa puede dañar tu diálogo interno y, en consecuencia, te daña profundamente a ti, lacerando tu autoestima e incluso a las personas que te rodean y te aman.

Después de enfrentar una infidelidad, sentí una culpa abrumadora. Pensaba que no era suficiente, que no sabía ser la esposa que mi exesposo necesitaba, que no había logrado mantener a mi lado al hombre del que estaba enamorada.

Me sentía culpable por dejar a mis hijos sin un padre. Esa culpa me corroía, y me preguntaba: ¿cómo podía escapar de ese ciclo? La respuesta fue: cambiando mi mentalidad. Reconocí que decidí lo que hice porque creía que era lo mejor en ese momento.

Si ya había tomado esa decisión, ¿por qué seguir sintiéndome culpable?

La culpa es un juego mental, y si no le pones un alto, puede conducirte a lugares oscuros que, en algunos casos, pueden terminar con consecuencias devastadoras, como la desesperación que llevó a Judas hasta su propia muerte.

A medida que he aprendido y me he tratado con amor por todo lo que ha ocurrido en mi vida, he entendido que autoflagelarse, no lleva a nada positivo.

He aprendido a mirar hacia adelante, identificando lo que puedo mejorar y repitiéndome: "hiciste lo mejor que pudiste". Este mantra ayuda a evitar que mi mente se sumerja en pensamientos negativos.

Cargar con culpas es, sin duda, una de las peores cargas de la vida. Lo que ocurrió ya quedó atrás; es hora de dar paso a las cosas buenas y dejarte maravillar por la belleza de la vida que estás por experimentar.

Practica el perdón y el auto-perdón para que puedas viajar ligero y vivir plenamente.

En esta etapa de mi vida, casi no siento culpa porque he aprendido a detectarla. Además, cuento con personas que me aman y que me advierten cuando, tal vez, estoy sintiéndome culpable. La culpa a veces se disfraza, no siempre la reconocemos de inmediato.

Mantente alerta a tus emociones y pensamientos, para que puedas transformarlos en el momento adecuado, trayendo a tu mente imágenes agradables: la sonrisa de un bebé, el sonido del agua de una cascada, la frescura de la brisa en tu rostro, o cualquier otro recuerdo que te muestre la belleza de la vida, a pesar de los errores que hayamos podido cometer.

También es saludable reflexionar sobre aquello que te genera culpa y hacerlo consciente, para prevenir que se repita en el futuro.

Permítete sentir el dolor y sacarlo de tu cuerpo; si lo escondes, como la basura bajo la alfombra, es probable que resurja en el momento menos esperado. Lo que confronta y duele, a menudo nos hace crecer.

Recuerdo que, en los primeros años después de la infidelidad de mi expareja, cualquier alusión a la infidelidad, ya fuera en la televisión, en la radio, o incluso al escuchar sobre alguien que estaba engañando a su pareja, era como revivir lo que había pasado; la culpa y otras emociones negativas volvían a aparecer.

Me resultaba muy difícil deshacerme de esas emociones; era como si me lo estuvieran haciendo a mí otra vez.

Ahora comprendo que todo eso que pasaba, era para obligarme a mirar de frente el problema; si quería sanar, debía confrontar con valentía lo negativo que estaba experimentando.

Finalmente, ten presente que Dios siempre tiene cosas buenas preparadas para ti, pero te corresponde a ti hacer lo que tengas que hacer, reconociendo tus errores, liberándote de todo aquello que te haga retroceder.

Entender esto en mi vida fue algo fundamental.

Hablemos sobre la vergüenza

La vergüenza, sin duda, se presentó en mi vida junto con la infidelidad.

Desde la perspectiva de la víctima, comprendí que esta emoción se encuentra entre las energías más bajas en "La escala de conciencia de David Hawkins".

ESCALA VIBRACIONAL DE EMOCIONES

EMOCIÓN	FRECUENCIA
ILUMINACIÓN	700+
PAZ	600
ALEGRÍA	540
AMOR	500
RACIOCINIO	400
ACEPTACIÓN	350
VOLUNTAD	310
NEUTRALIDAD	250
CORAJE	200
ORGULLO	175
IRA	150
DESEO	125
MIEDO	100
SUFRIMIENTO	75
APATÍA	50
CULPA	30
VERGÜENZA	20

PRE-SALUD / PRE-ENFERMEDAD

EXPANDIDO / CONTRAÍDO

¿Has oído hablar sobre esto querido lector? Te explico para que entiendas. Te servirá también para identificar en qué nivel estás tú.

Esta teoría, propone una escala que mide los niveles de conciencia y espiritualidad de una persona. David Hawkins desarrolló un sistema que va del 1 al 1,000, donde las emociones, pensamientos y actitudes se sitúan en distintos niveles.

Por ejemplo:

Bajo *(1-200): Se encuentran emociones como el miedo, la culpa y la apatía. Estas son consideradas emociones de baja vibración.*

Medio *(200-500): Aquí están las emociones más constructivas como la valentía, el amor y la paz. Este rango se asocia a un crecimiento personal y espiritual.*

Alto *(500-1000): Los niveles más altos representan una conciencia muy elevada, donde se experimenta una gran paz y amor incondicional ¡Qué maravilloso sería si todos pudiéramos mantenernos en este nivel!*

Con esta escala Hawkins nos ayuda a entender nuestro nivel de conciencia y a encontrar maneras de elevarlo.

Al hacerlo, se puede vivir una vida más plena y espiritual. Es un concepto que mezcla psicología y espiritualidad, que ha influido en muchos círculos de autoayuda y desarrollo personal.

En mi caso, estaba en una vibración muy baja durante un largo periodo. Salir a la calle se volvió un desafío; cada vez que alguien mencionaba a mi exesposo, me invadía una sensación de desprestigio y humillación.

Me sentía traicionada, cargando con culpa, ira y un profundo desconsuelo. La vergüenza era abrumadora, especialmente al encontrarme con personas cercanas.

En esos momentos, la infidelidad se convertía siempre en tema de conversación, y no faltaban quienes, incluso en tono burlón, hacían comentarios hirientes como "pobrecita" o "¿cómo pudo ser tan ingenua?".

Recuerdo haber escuchado palabras despectivas entre risas y murmullos; curiosamente también solía ser una de esas personas que pensaba que eso no me pasaría a mí.

Tal vez antes de esta experiencia, mi vida estaba impregnada de vibraciones muy bajas: odio, rencor, resentimiento, culpa, tristeza, falta de amor propio y envidia. Esto pasaba desapercibido para mí, incluso desde antes de la infidelidad, sin embargo, yo no lograba identificarlo.

Sucedió entonces que, ese torbellino de emociones salió a la superficie; ¡no podía seguir arrastrándolas más!

Agradezco que esas emociones no derivaron en enfermedades graves, pero me demostraron que vivía sobreviviendo, como muchos que andan sin rumbo y sin metas definidas, sin disfrutar plenamente de lo que debía vivir.

Me levantaba cada mañana quejándome del trabajo o de lo que fuera, como si despertar fuera un castigo. Recuerdo haber despertado a mis hijos a gritos para que fueran a la escuela; no había ilusión, ni motivación en mí.

Cuando me hice consciente de esto que te cuento querido lector, empecé a dedicarme tiempo a mí misma. Me senté a escucharme, a estar sola, a caminar descalza por la montaña, el río, el lago o la playa, para sentir la tierra bajo mis pies.

Le he preguntado a varias personas sobre su comida favorita y he notado que algunos ni siquiera lo saben. Me vi reflejada en ellos y comprendí el vacío que habitaba en mi vida. Trataba de evitar todo lo que me hiciera mirar hacia dentro de mí.

Es vergonzoso reconocerlo, pero esa era la cruda realidad que vivía.

Integrar mi oscuridad, aceptando tanto mi luz como mi sombra, fue crucial. Experimenté un gran cambio, cuando transformé el resentimiento por el amor a mí misma.

Aprendí a ser más feliz al perdonar y dejar de lastimarme, algo que automáticamente también me permitió dejar de herir a los demás.

Cuando dejé de juzgar y a tener compasión, comprendí que la primera persona a cuidar debía ser yo misma, y eso no es egoísmo; no se puede dar lo que no se tiene, por eso debía trabajar primeramente en mí, si quería ofrecer algo bueno a otras personas.

Mirando hacia atrás veo que, sin darme cuenta, me fui cubriendo de máscaras para agradar a los demás.

Aceptar la infidelidad como parte de mi vida me permitió dejar la vergüenza atrás.

Comprendí que no podía cambiar lo que sucedió; la vergüenza era solo una emoción que debía sentir y luego enfrentar.

Así le fui restando fuerza, debilitándola poco a poco.

El Perdón

"El perdón no lo hacen los débiles, sino los fuertes." Estas palabras de Mahatma Gandhi son, sin duda, profundamente sabias.

Cuando comencé a decir "te perdono, te perdono, te perdono", lo hacía casi entre dientes, porque, aunque deseaba perdonar, no sabía cómo lograrlo.

Para comenzar a perdonar a los demás, primero tuve que permitirme perdonarme a mí misma. Como dice el refrán, "el buen juez por su casa empieza".

Empecé a escribir cartas de perdón, expresando mis errores, lo que consideraba que había hecho mal y también lo que no dije o no hice. A medida que me perdonaba, se hacía mucho más fácil extender ese perdón hacia los demás.

Aunque solo repetía "perdón, perdón, perdón" sin comprender del todo lo que implicaba, descubrí que el mayor bien recae en quien perdona, no porque sea mejor o más iluminado que el otro, sino porque el perdón es, sin duda, el mejor regalo que uno puede darse a sí mismo.

El perdón libera y sana muchas enfermedades que pueden aparecer en el futuro.

Es fundamental perdonarse a uno mismo, también a los demás. Si no perdonas, el resentimiento se queda guardado dentro de ti, a veces durante años, y lo peor es que muchas veces ni siquiera somos conscientes de su presencia.

A veces, las cosas que debo perdonarme son simples, pero otras no lo son tanto. En esos momentos me recuerdo a mí misma que hay personas que, aparentemente, no merecen mi perdón, pero yo sí merezco vivir una vida plena, feliz y en paz. Sin duda, no podré alcanzar esa plenitud sin perdón.

Es importante recordar que el perdón no es para la otra persona; es para ti. Te ofrece una mente más clara y un corazón más ligero.

No es necesario acudir con la otra persona para decírselo; lo fundamental es hacerlo con total sinceridad. Sin embargo, es aún más efectivo, si te enfrentas con voluntad y determinación a lo que has evadido hasta ahora, y muestras humildad invitando a esa persona a compartir un momento, donde puedas perdonar de todo corazón por el daño que te ha causado.

La falta de perdón se convierte en una atadura hacia la otra persona; es como si tuvieras una conexión invisible que te roba el poder sin que te des cuenta.

Perdonar y perdonarte es parte de tu grandeza. A veces, creemos que somos el centro del universo, pero déjame decirte algo: no lo somos.

Las otras personas, en realidad, viven en su propio mundo, haciendo lo mejor que pueden con sus propias herramientas. Así que deja de enredarte en telarañas mentales; lo que los demás piensan de ti no te pertenece, ya es momento de que dejes de luchar contigo mismo, para que puedas hacer lo que sea correcto y beneficioso para ti, sin estar dependiendo de la opinión de los otros.

Ahora te hago estas preguntas que quizás te ayuden a darte cuenta de lo que hasta ahora no veías:

¿Crees que es sano vivir con odio, rencor e ira, hacia personas que quizás ni se acuerdan de ti?

¿Es bueno para tu salud seguir alimentando lo negativo y haciéndote daño por algo que ya pasó?

Reconoce tus emociones y ponles nombre. Este es el primer paso hacia un verdadero perdón y liberación

Permítete ser vulnerable y sentir tus emociones. *No escondas tus emociones; vale más ser uno mismo que aparentar ser otra persona.*

A modo de reflexión, hoy te digo:

Hazte responsable de tus emociones negativas y recuerda que son solo eso: emociones. No definen quién eres.

Puedes cambiarlas, pero para hacerlo, primero necesitas reconocerlas y asumir la responsabilidad de elevarlas de manera consciente.

Una forma de transformar las emociones bajas, es darles menos valor y menos poder. Esto se logra cultivando en ti emociones más elevadas, como la gratitud hacia lo que tienes en tu vida hoy.

Es fundamental tratarte con amor, compasión y cariño, tanto hacia ti misma como hacia los demás. Sonríe, alégrate y enfócate en lo positivo que la vida te brinda.

Busca el lado bueno en las situaciones que parecen adversas, porque cada dificultad trae consigo oportunidades de crecimiento y nuevas experiencias.

Existen muchos dichos, como que "no hay mal que dure cien años", y "el tiempo todo lo cura". Pero, ¿realmente vale la pena vivir cien años aferrándote al resentimiento?

El tiempo no cura las heridas del alma; solo las deja en el inconsciente aparentemente olvidadas; si no trabajas en ellas tarde o temprano saldrán a relucir, impidiéndote ser verdaderamente feliz.

A menudo, lo que ignoramos se debilita, pero persiste en nosotros, no lo olvides.

Muchas personas dicen "que lo perdone Dios, porque yo no puedo". Al afirmar que no puedes, en verdad te estás limitando.

Es cierto que hay acciones imperdonables, pero desde mi perspectiva, si no perdonamos, seguimos arrastrando el peso de esa persona y las heridas que nos causó.

Mientras nosotros cargamos con el daño, esa persona puede estar viviendo feliz, sin recordar lo que hizo o el mal que causó.

Sin perdón, no hay cambios en tu vida. Te quedarás estancado(a) en el pasado, como si estuvieras muriendo en vida, entregando tu poder a los demás.

Una de las razones por las que fui capaz de perdonar a otros, fue que primero me perdoné a mí misma. Permitirme sentir el dolor, el sufrimiento, las lágrimas y la tristeza fue crucial, pero sabía que no iba a quedarme en ese estado para siempre.

Recuerdo que, tras la muerte de mi madre, me di medio año para llorar.

Después de la infidelidad, también me concedí ese tiempo. Pero la diferencia era que, mientras la muerte de mi madre la acepté como parte de la voluntad de Dios y cerré ese capítulo, mi exesposo seguía presente por nuestros hijos, lo que hacía más difícil sanar una herida que estaba sangrando aún; a pesar de eso, sabía que debía cerrar ese ciclo de mi vida.

Me decía a mí misma que la infidelidad no fue la voluntad de Dios, sino una elección deliberada. Sin embargo, todo comenzó a cambiar cuando empecé a trabajar en mi propio perdón.

Mis hijos también están en su propio viaje de sanación, comprendiendo que sus padres son seres imperfectos, como todos los humanos.

Si te sientes atrapada por la falta de perdón, hacia ti misma o hacia otros, o si sientes vergüenza, culpa o resentimiento, no dudes en buscar ayuda profesional. Lo importante es que ya te has dado cuenta y lo has hecho consciente.

¡Así que manos a la obra! Es hora de que te ocupes de ti y de tu bienestar.

Perdonar no significa justificar el mal que alguien te ha hecho, ni obliga a vivir de nuevo con esa persona o actuar como si nada hubiera pasado.

Agradece los problemas que vives, te ayudan a transformarte. Cuando estos aparecen, nos hacen crecer, fortalecernos y, de alguna manera, traen bendiciones a nuestras vidas.

Cuando perdonas, te conviertes en una persona sabia, porque dejas de cargar el peso de los demás.

Comunicación contigo mismo

Tu grandeza interior solo puede ser revelada por ti. Alguien puede querer ayudar, pero si tú no quieres, no habrá progreso.

A veces, aunque quieras, simplemente no sabes cómo hacerlo, busca ayuda si fuera necesario.

En mi caso, logré salir del agujero en el que estaba cuando asumí la responsabilidad y la realidad de mi situación.

Cuando decidí tomar las riendas de mi vida y dejar de buscar culpables, comencé a actuar, y así todo empezó a cambiar. La clave estuvo en tomar pequeñas decisiones diarias enfocadas en el autoconocimiento.

A ti que me lees, te sugiero que establezcas una rutina que se ajuste a tu tiempo y horarios, mantén la disciplina para que tu cerebro se acostumbre a lo nuevo y desconocido.

Ten compasión y misericordia contigo. Recuerda que nadie es como tú, y que nadie hará el trabajo sucio o duro por ti, ese que surge de enfrentarte a tus propias sombras.

Recuerdo perfectamente que nunca me gustaba mirarme en el espejo; de hecho, apenas tenía espejos en casa. Durante el tiempo que estuve casada, si pasaba frente a uno, simplemente hacía caso omiso y seguía de largo.

Pasó mucho tiempo después de la infidelidad hasta que finalmente pude reconocerme frente a un espejo, hoy agradezco la experiencia, porque anteriormente había perdido completamente mi identidad y alegría.

Reencontrarme conmigo misma, fue un proceso largo, lo más doloroso es que no supe en qué momento empecé a perderme y a dejar de reconocerme.

Con la infidelidad, comprendí que arrastraba una mala comunicación conmigo misma, tal vez desde mi niñez; no estoy segura, pero nunca es tarde para identificar y sanar lo que nos ha estado afectando.

Recientemente, tuve un viaje, y al bajar del avión fui al baño. Al salir, vi a dos chicas maquillándose. Me encantó verlas, y al mirarme al espejo, dije: "Qué hermosa estás, aún sin maquillaje".

Me sentí cómoda y atractiva, algo que antes no podía hacer porque siempre me comparaba con los demás.

Te has preguntado alguna vez ¿Cómo hablar con tu voz interior?

Todos tenemos una voz interior que a menudo se expresa negativamente: "No puedes", "Mira lo estúpida que eres", "Estás fea", "Estás gorda", "No tienes trabajo, ni pareja". Esa voz puede hacernos sentir que nuestros sueños son demasiado grandes, que nunca los alcanzaremos.

A veces, esta voz nos deja caer al suelo sin paracaídas, retumbando en nuestra mente con pensamientos de fracaso.

Observar la forma en que te hablas es fundamental para avanzar. Cuando empieces a notar que tu voz interior habla en negativo, cámbiala de inmediato. Muchas veces, le damos entrada libre y nos arrastra a lugares oscuros y desconocidos, donde no merecemos estar.

¿Cómo te maltratas a ti mismo?

Muchas personas pueden pasar su vida maltratándose y, como consecuencia, maltratando a otros.

Suelen olvidar sus emociones y continúan sin reconocer su propio dolor, mucho menos el que provocan en los demás.

Hay quienes pueden vivir sin un cambio significativo, hasta que algo doloroso ocurre en sus vidas que los hace reflexionar.

No obstante, también puede suceder que una persona, de manera inesperada decida cambiar, al darse cuenta de que, no le gusta lo que ve o lo que está viviendo. Quiere transformarse desde el amor y está dispuesta a atravesar el dolor que eso conlleva.

Incluso con valentía y determinación, la mente a menudo se resiste a lo nuevo y desconocido, pues se siente incómoda al tener que abandonar su zona de confort.

Con paciencia, llegará el momento en que lo puedas lograr si así te lo has propuesto firmemente. Sigue adelante, ¡si lo deseas de verdad, lo lograrás!

La dualidad: luz y oscuridad

En realidad, todos tenemos luz y oscuridad dentro de nosotros. La clave está en a cuál de ellas decidimos prestar más atención.

Donde está tu enfoque, allí está tu energía. Obsérvate, y aunque sé que a veces no es fácil, tampoco es imposible.

Una de las recomendaciones que hago sin dudar, es trabajar en el autoconocimiento y cultivar la compasión hacia uno mismo.

Pregúntate:

¿Cómo te llevas contigo mismo?

¿Te sientes a gusto en tu propia compañía?

¿Sabes realmente qué es lo que te gusta?

¿Eres feliz con la vida que llevas hoy?

¿Disfrutas de lo que haces?

¿Qué estás dispuesto a hacer para que tu día sea más alegre hoy?

¿Cómo puedes practicar el autocuidado?

Si contestaste estas preguntas con sinceridad y de forma consciente, sabrás lo que debes mejorar en tu vida, pero, sobre todo, te invito a tomar acción para que comiences a ver el cambio, partiendo de donde estás hoy.

Te exhorto a practicar el silencio

Permanece en silencio y cuando tu mente divague hacia otros pensamientos, regresa al aquí y al ahora, concéntrate en tu respiración, inhalando y exhalando.

No debemos ver nuestros problemas como obstáculos, sino como situaciones que tenemos la oportunidad de resolver.

Cuando observes lo que piensas, identifica si te encuentras atrapado en pensamientos negativos e inmediatamente cambia el enfoque, reconociendo las bendiciones que posees en este momento.

Acordarte de algo que te haga sonreír, salir a la naturaleza, o sentir amor y gratitud puede ayudarte a transformar tu energía.

Es importante enfatizar que ir a la naturaleza o sonreír no significa huir de ti mismo o de los problemas. Al contrario, es una forma de debilitar los sentimientos negativos que ya has reconocido, te ayudará además a encontrar mejores soluciones.

Por ejemplo, si tengo preocupación por una deuda pendiente, como el pago de la electricidad. Salir a caminar en la naturaleza no eliminará de repente mi preocupación, ya que el pago no se hará solo. Sin embargo, si puedo pensar con más claridad las alternativas que tengo para solucionar eso que hoy me preocupa.

Los problemas se resuelven enfrentándolos, no ignorándolos.

Debe ser coherente con lo que piensas y la forma en que te comportas, porque es imposible sentirse feliz mientras piensas de manera triste, así como es igualmente imposible pensar en positivo y sentirte triste al mismo tiempo.

Tus pensamientos construyen o destruyen tu vida. A través del silencio puedes encontrar el equilibrio que necesitas para poder continuar de manera más resiliente y sabia.

Ejercicio: Descubre tus puntos ciegos

Así como en la conducción hay puntos ciegos, también existen en la vida diaria. A través de la auto-observación, podrás encontrar en ti esos "puntos ciegos", porque nadie te conoce mejor que tú mismo.

Descubre lo que te detiene y qué impide lograr lo que deseas. Identifica además qué te hace enojar y cómo reaccionas ante ello.

Obsérvate y pregúntate: ¿qué situaciones o personas te molestan y te hacen perder el control?

Empieza a trabajar en esos aspectos, realizando pequeños cambios a diario.

Por ejemplo, si te incomoda alguien simplemente al verlo, examina qué sientes y por qué, trata de entender el porqué de esa reacción; puede estarte mostrando lo que debes cambiar en ti.

Luego de analizar esto, si es posible, intenta evitar el encuentro con esa persona, incluso si es un familiar para garantizar tu paz mental.

Aunque decidas alejarte, envíale amor desde la distancia y visualízate llevándote bien con él o con ella. No es necesario ser grandes amigos, pero sí puedes aprender a tolerar.

Otro aspecto importante, al menos para mí, es comprender que no es lo mismo vivir solo que sentirse solo. Somos seres sociales que necesitamos afecto, un abrazo y un apego saludable. Sin embargo, es significativo mencionar que hay quienes, a pesar de estar rodeados de personas o amigos, se sienten solos.

Por eso, recomiendo el autoconocimiento y el valor de mirarse a uno mismo.

He visto en redes sociales comentarios como "estoy con mi pareja y parece que estoy solo", o parejas que, aunque físicamente juntas, parecen estar en mundos separados, cada uno absorto en su celular mientras comparten una comida.

Es triste que consideremos esto normal; es hora de mirar lo que anda mal ante situaciones como ésta, enfrenta los puntos ciegos que no has querido observar.

¿Cómo ocupo mi tiempo?

Conoce un poco más sobre mí…

Desde que me despierto cada día, comienzo a agradecer por todo lo que tengo y recibo esta nueva jornada con una sonrisa en mi rostro, incluso antes de abrir los ojos.

Me tomo un momento para reflexionar sobre la noche anterior. Si bien algunos días son más desafiantes que otros, siempre encuentro lecciones que me ayudan a crecer y a entender qué decisiones no volvería a tomar.

A menudo, plasmo mis emociones en "Mi diario de emociones", y tengo otro cuaderno dedicado a mis agradecimientos.

Algo parecido sucede antes de dormir, intento ver cada situación desde una perspectiva positiva, buscando soluciones y dejando lo que no puedo controlar en manos de Dios.

Sé que, si algo no se ha resuelto hoy, mañana me traerá la claridad que anhelo. Así, me acomodo en la cama en paz, perdonándome por mis errores y aceptando que todos estamos en un camino de aprendizaje.

Cada noche, rezo al menos un Padre Nuestro, agradeciendo no sólo por lo que ya tengo, sino también por lo que está por venir.

Esta práctica me ha mostrado que la perfección no es el objetivo; simplemente deseo descubrir la grandeza que hay en mí, así como en todos, porque esa es la voluntad de Dios.

He aprendido lo común que resultan muchos de nuestros miedos, como la soledad, la pobreza, la enfermedad y la muerte, lo que no significa que no podamos superarlos si lo proponemos.

He vivido momentos difíciles, como la muerte de mi madre, la enfermedad de mi padre y períodos de soledad elegidas voluntariamente; a pesar de todo, mi corazón late con gratitud por cada enseñanza que la vida me ofrece.

No soy más ni menos que nadie; mi enfoque es crecer cada día un poco más, convirtiéndome en la mejor versión de mí misma.

Espero que, lo que comparto aquí te inspire a descubrir tu propia grandeza oculta, a reconocer tu valor y a trabajar en ti mismo, esa será siempre la mejor inversión que puedes realizar.

La voz interior que todos llevamos dentro, esa intuición que nos guía, merece nuestra atención. Recordemos siempre dirigirla hacia el bien y permitir que nos impulse a alcanzar nuestro verdadero potencial, haciendo resplandecer la grandeza de nuestro ser.

Amigo lector, agradezco sinceramente tu compañía en la lectura de este libro, el cual he escrito con profundo sentimiento para ti. Antes de terminar me gustaría compartirte esta fábula, con la intención de que te haga reflexionar sobre aspectos importantes de la vida, que a veces sin querer, no le damos el valor que merecen.

Cuento: El ciervo y su reflejo

Había una vez un ciervo que se acercó a un lago para beber. Al ver su reflejo en el agua, exclamó:

¡Qué cuernos tan majestuosos! Son impresionantes. Pero, ¿y estas patas? ¡Qué frágiles y finas en comparación con mis cuernos!

De repente, apareció un león dispuesto a cazarlo. El ciervo corrió con sus ágiles patas y casi logra despistar al león, pero sus cuernos se enredaron en las ramas de un árbol. En ese momento comprendió que lo que tanto admiraba, su cornamenta, sería su perdición.

Querido lector, cómo has podido apreciar al leer "La fábula del ciervo y su reflejo", nos invita a reflexionar sobre la dualidad de nuestra naturaleza y la percepción que tenemos de nosotros mismos.

A menudo, tendemos a admirar y anhelar características que creemos que nos otorgarán grandeza o prestigio, como los majestuosos cuernos del ciervo. Sin embargo, en nuestra búsqueda de la perfección o de lo que consideramos ideal, olvidamos valorar nuestras propias fortalezas, que son las que realmente nos sostienen en los momentos de dificultad.

El ciervo, al observarse en el agua, se deja llevar por una idealización superficial, olvidando que su verdadera fortaleza radica en sus piernas, en su agilidad y capacidad de escape.

Esa misma agilidad, que desprecia, es lo que le da la vida cuando enfrenta al peligro; mientras que su admirado atributo, en un giro irónico del destino, termina siendo su perdición.

Este desenlace es un poderoso recordatorio de que lo que valoramos exteriormente no siempre se alinea con nuestras verdaderas necesidades o capacidades.

A través de esta historia, podemos reflexionar: ¿Cuántas veces hemos caído en la trampa de desear lo que no somos, en lugar de abrazar lo que tenemos?

El verdadero valor no radica en las impresiones que causamos en los demás, sino en la autenticidad de nuestro ser y en la capacidad de adaptarnos y sobrevivir a las adversidades.

Al final, esta fábula no solo trata sobre el reconocimiento de nuestras cualidades, sino también sobre la aceptación de nuestras limitaciones. Nos enseña que, en la vida, debemos aprender a apreciar tanto nuestros talentos como nuestras vulnerabilidades.

Lo que a primera vista puede parecer una desventaja, si lo valoramos, podría convertirse en nuestra mayor fortaleza.

Con este cuento te invito a ti que me lees, a mirar más allá de los reflejos superficiales y a encontrar en tu interior la verdadera belleza, grandeza y fuerza que posees. Porque al final del día, es esa aceptación la que nos permitirá enfrentar las dificultades de la vida con un espíritu valiente y renovado.

¡Tú tienes el poder!

Con cariño para ti, Araceli Ramírez

SEMBLANZA

En la actualidad, me siento llena de gratitud, felicidad y salud, disfrutando de una vida plena que he construido según mis propios términos. Agradezco a la vida y todo lo que me rodea; cuando la vida me sonríe, le devuelvo la sonrisa, y cuando no lo hace, aun así, encuentro motivos para sonreír.

Me encanta disfrutar de mi propia compañía, y aunque nunca me he sentido sola, estos días son particularmente especiales para mí. Disfruto de momentos de diversión y a la vez comparto mi tiempo con mis hijos: Edwin y Monse. El tiempo de calidad que paso con ellos es fundamental y me llena de energía.

Los considero un regalo que Dios me ha hecho en esta vida. Nos divertimos charlando sobre cualquier tema, cuando es necesario abordar un asunto importante, lo hacemos con respeto hacia las opiniones y gustos de cada uno.

En ocasiones, simplemente nos deleitamos con un helado en nuestro lugar favorito y reflexionamos sobre la vida.

Les digo a mis hijos que sean siempre auténticos, que persigan sus sueños, que se amen a sí mismos para poder amar a otros, sobre todo, que sean personas de bien.

Valoro mucho la compañía de mis familiares y de un grupo de ejercicio que hemos nombrado "Los Madrugadores". Nos hemos comprometido a empezar a ejercitarnos a las 5:00 a.m., donde la puntualidad es clave.

Algunos de nosotros preferimos las primeras horas del día, mientras que otros ajustan su actividad física a sus horarios personales.

Además, me gusta salir a cenar con mis compañeros del equipo, para festejar los cumpleaños del mes. He participado en varios medios maratones: en San José, California, en 2022; en Monterrey, California, en 2023; y en Las Vegas, Nevada, en 2024.

Los fines de semana, me encanta disfrutar de caminatas en la naturaleza. Mantengo relaciones con un par de amigas; a pesar de nuestras diferencias, compartimos intereses comunes que nos llevan a disfrutar de desayunos, cenas, salidas al cine, teatro, bailes y paseos por la playa, siempre explorando nuevos y bonitos lugares.

Entre mis pasatiempos favoritos está escuchar audiolibros de autoayuda.

Disfruto de un buen libro, de caminar al aire libre o descalza en la playa, y de descubrir nuevos lugares mientras viajo. La música que eleva mi energía, también ocupa un lugar especial en mi vida.

He comenzado a meditar y me esfuerzo por mantener una alimentación saludable; disfruto de la comida del mar y aprecio las grasas naturales como el aguacate, las semillas de girasol y las nueces. Sin embargo, también me permito el placer de saborear unos buenos tacos mexicanos de vez en cuando.

Mi objetivo es ser cada día una mejor persona, conocerme más y cuidarme lo mejor posible; esto es esencial para estar bien y disfrutar plenamente de mis hijos, para que tengan una madre feliz, saludable, próspera, llena de amor, paz y alegría, capaz de dar y recibir en abundancia.

Hoy, me encuentro verdaderamente agradecida por todo lo vivido a lo largo de estos años. Sé que la persona que soy hoy, no sería posible sin esas valiosas experiencias.

Soy una mujer independiente que trabaja limpiando casas como autoempleada. Disfruto limpiar, y al hacerlo, siento que también estoy purificando mi alma. Lo mismo sucede mientras escribo este libro, porque al plasmar mis sentimientos, siento que se está limpiando todo mi ser.

Desde hace casi tres años, asisto a sesiones de terapia con Blanca Mercado, participando en talleres de Bioenergía, Constelaciones, Tarot y sesiones de círculo una vez al mes. Este grupo, compuesto por un máximo de cinco personas, me ha brindado conocimientos valiosos y sabiduría en cada encuentro.

Entre los temas que hemos abordado están el perdón hacia uno mismo y hacia los demás, el origen emocional de las enfermedades, muchas de las cuales se agravan con la ira y el resentimiento.

Reflexionamos sobre la abundancia, el dinero, el miedo, las emociones, nuestro cuerpo y la terapéutica del cambio de historia. Cada sesión ofrece un tema diferente y enriquecedor.

Estoy muy agradecida y bendecida porque encontré a una persona como Blanca Mercado, quien ha transformado mi vida con su valiosa ayuda.

Tengo el privilegio también, de haber hecho un curso de milagros con Eric Córdoba; he participado, además, en otros cursos sobre autoestima y abundancia que han fortalecido poderosamente mi proceso de transformación.

Me identifico con estas frases:

"Ayer era inteligente, así que quería cambiar el mundo. Hoy soy sabia, así que estoy cambiando yo misma" - (Rumi)

"El respeto al derecho ajeno es la paz" - (Benito Juárez).

He aprendido además que: "Entre más prisa quiero ir, sé que más lento debo hacerlo"